会計・ファイナンス

第2版

ACCOUNTING & FINANCE

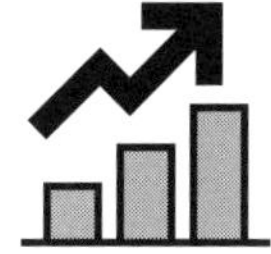

中井 透・諏澤吉彦・石光 裕 著
Nakai Toru　Suzawa Yoshihiko　Ishimitsu Yu

中央経済社

はじめに

本書は，会計やファイナンスをはじめて学ぶ人に，これら領域では何を学び，それらがどのような場面で活用できるのかについて，おおまかなイメージをもってもらうことを目的として書かれています。企業をはじめとした組織を運営するにあたっては，“お金”が重要であり，会計やファイナンスはこの“お金”に関することを勉強するもののようだというイメージは持っていても，具体的に何について，どのように考えていくのかは，なかなか見当がつかないというのが本当のところではないでしょうか。

とくに本書は，はじめて会計やファイナンスを勉強することになった経営学を学ぼうとする大学１年生を読者として想定しており，経営者の立場からの会計やファイナンスの役立ちについて述べています。大学１年生の多くは，実際に企業で働いたことがなく，実務経験がほとんどない人が多いでしょう。また経営学部に入ったのに，会計やファイナンスを勉強する必要があるのだろうかと思う大学生もいるでしょう。そう思った読者に興味を持ってもらうために次の３点を工夫しています。

１つ目は，会計やファイナンスを学ぶにあたって，最低限知っておいてほしい知識や考え方に焦点を絞ることです。そのために会計やファイナンスで取り扱われる多岐にわたる内容から重要な考え方を厳選するとともに，通常では会計やファイナンスの教科書ではとり上げられることは少ないけれど，企業経営における会計やファイナンスの役割を考えるうえで重要であると思われることについては紙幅を割きました。これにより初学者が学習しやすくなるとともに，その後に続く発展的内容への理解が進むと考えています。より発展的な内容については，本文中のキーワードのWeb検索や各章末の参考文献リストを参照するなどして理解を深めていってもらえればと思います。

２つ目は，学びたいことが見つかったけれど，どの分野（講義）を勉強（履修）すればよいのかわからないという学生に対して会計やファイナンス分野の俯瞰図を示すよう心がけました。大学の履修要綱（シラバス）には講義内容が詳細に示されていますので，本書のなかで興味をもった内容と同じキーワード，内容をもつ講義を選んでもらえれば自分に合った講義を履修することができるでしょう。

そして3つ目として，会計やファイナンスを勉強すれば，将来どのような能力や資格が得られ，それが職業に結びつくのかを知ってもらうため，本文中に会計やファイナンスとのかかわりについて述べ，コラムには職業についてのものを含めるようにしました。これにより将来のキャリアを考えてもらい，学習のモチベーションにつなげることができるように配慮しました。

本書はカフェを起業するというストーリーを中心に，そこで必要となる会計やファイナンスの考え方を学ぶという構成になっています。ですので，初めから順に読むと理解しやすくなるように章を配置しています。もちろん，特定のトピックについて知りたいという方は，目次，索引から該当箇所の見当をつけて読むこともできます。読んでいくとわかるように各章の内容はどこかで関連していることが多く，その関連を理解してもらうことも本書の重要な役割と考えています。そのために各章の記述で関連性がわかりやすくなるように，重複はそのままにしている箇所があります。また理解に必要な事項がほかの箇所に書かれている場合には，できる限り参照先を記載しています。

本書をもとに講義をされる方は，是非，その章の考え方に関連するニュースを追加して解説していただければと思います。現実の社会は，非常に速いスピードで進んでおり，日々さまざまなニュースが飛び込んできますが，学生の方には基本を理解していれば新しい事態にも何とか対応できるということも学んでもらいたいと考えています。

本書は，中井が使用していた講義資料に，諏澤，石光が加筆するかたちで執筆しました。第2版では，法律や制度の変更に対応し，データも更新したほか，よりわかりやすい表現となるよう配慮しました。本書を通じて，皆さんが会計やファイナンスに興味をもって，さらに学んでみたいという思いをもってもらえれば，これに勝る喜びはありません。

著者一同

目　次

第1章

会計，ファイナンスとは

Story❶　カフェを始めたい！

友達と話したり，勉強をしたりと学生のころからカフェを利用してきた。社会人となった今でもカフェで本を読んだり，仕事をすることが多い。できるなら，自分の理想とするカフェを経営したいけれど，何から手をつけてよいかわからない。友達に相談すると，おいしいコーヒーを入れることや接客も大切だけれど，お金の管理をしっかりしていく必要もあるのではないかというアドバイスをもらったのだが……。

❶—会計，ファイナンスのイメージ

皆さんは会計やファイナンスと聞いてどのようなイメージをもつだろうか。何か難しそうで，さらには自分にはあまり関係がないと感じているかもしれない。日常生活のなかでも，親戚に税理士の人がいて，企業が支払う税金についてアドバイスすることが仕事だと聞いているかもしれない。また，よく見るWebサイトにファイナンス情報というコーナーがあって，企業の株式の値段である株価が目まぐるしく変わっていく様子をみたりするかもしれない。これらの話から，会計やファイナンスでは企業が保有するお金と関連したことを扱うらしいというイメージをもっている人が多いのではないだろうか。

お金は，私たちの日常生活はもちろん，企業活動においても欠かせないものであることは容易に想像がつく。しかし，なぜお金はこれほどまでにさまざまな場面において重要な役割を担っているのだろうか。まずはこのことから考えてみよう。

❷—お金とは何か

普段あたりまえのように使っているお金だが，そもそもお金とは何なのだろうか。お金とは何かと聞かれると，お札（紙幣）や硬貨を思い浮かべる人が多いだろう。また，海外に行ったことがある人ならば，国によって異なる呼び名やさまざまな材質や形状のものがあることに驚いた経験があるだろう。一見すると，お金はそれぞれに違って見えるが，なんらかの共通した機能をもっているものと考えられる。機能の点からお金を定義したものを貨幣といい，次のような３つの機能をもつと考えられる（内田，2016）。

①　決済機能

まず，決済機能とは，どんなものとも交換可能であり，最終的な支払手段として用いられるということである。一般に取引を行った場合には，**図表１－１**のように売り主と買い主との間に債権（相手方に特定の行為をさせる権利）・債務（相手方に特定の行為をする義務）関係が発生する。もしあなたが自転車を購入しようとするならば，あなたは自転車という財を受け取る権利（債権）と金銭を支払う義務（債務）を有することになる。一方，自転車の売り主は，金銭を受け取る権利（債権）と自転車という財を引き渡す義務（債務）を有する。

図表１－１　売り主・買い主の権利・義務

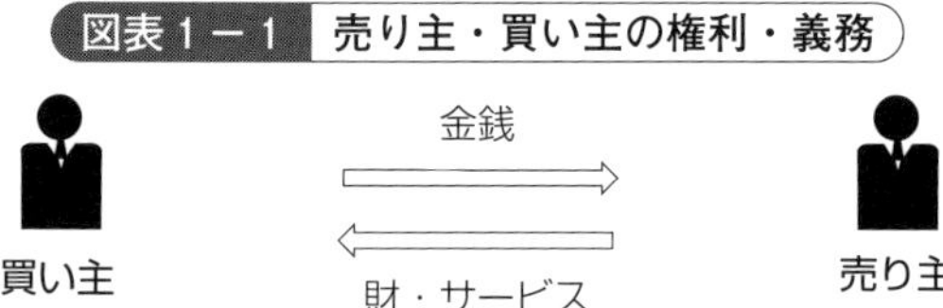

債権：財・サービスを受け取る権利
債務：金銭を支払う義務

債務：財・サービスを引き渡す義務
債権：金銭を受け取る権利

決済とは，資金等の受渡しを行うことによって，買い主と売り主との間の債権・債務関係を解消し，取引関係を終了することをいう。ここでの資金等の引渡しが決済手段といわれる。決済機能をもつ貨幣が存在しないとき，あらゆる取引は直接的な交換，いわゆる物々交換をすることになる。この場合，相手が自分の欲しいものをもっており，かつ自分も相手が欲しいものをもっているときにしか取引は成立しないため，そのような取引相手を探すのはとても大変である。このような状況では，活発な取引が行われることは期待できない。

②　価値尺度機能

つぎに価値尺度機能とは，さまざまなモノやサービスなどの価値をその数量で表すというものである。価値尺度としての貨幣が存在するとき，さまざまなモノ・サービスを交換するときの基準が明確となり，取引が促進される。先の物々交換の例でいうならば，お互いに交換したいものをもっていたとしても，交換してもよいと考える量が異なる場合がある。自転車をもつ人とバナナをもつ人が交換を行おうとした場合，自転車１台とバナナ何本が同じ価値をもっているかについてお互い合意し，交換比率を決定する必要がある。世の中には，これ以外にも多くの財やサービスが存在し，それらをすべて交換可能な状態にするためには，すべての財やサービスごとに交換比率を決定していくという非常に煩雑な作業が必要となる。

③　価値貯蔵機能

最後に価値貯蔵機能とは，貨幣の保有により，一定量の価値あるいは購買力を一時的に貯蔵できるという機能を指す。価値をためておくことができれば，将来必要な時に使うことができる。もし，バナナを貨幣としていたらどうなるだろうか。腐ってしまうと形も大きさもわからなくなってしまい，必要な時に交換できなくなるため，バナナには価値貯蔵機能はあまり期待できない。

社会において円滑に取引が行われるためには３つの機能が重要となるが，実際に流通している紙幣・硬貨が，これら機能をもつ前提として，法律によって通用することが認められている貨幣（法貨）であることが挙げられる。法律による裏付けがなければ，紙幣は紙に印刷された印刷物，硬貨はその金属分の価値しか認められないことになってしまう。紙幣は「日本銀行法」によって日本銀行が発行し，硬貨は紙幣の補助として，「通貨の単位及び貨幣の発行等に関する法律」によって日本政府が発行することが定められている。

❸―日本銀行の役割

お金が貨幣としての性質を維持するにあたり，日本銀行（日銀）が大きな役割を果たしている。日本銀行は，1882年に日本の金融機関の中枢を占める中央銀行として設立された。写真は東京日本橋にある，現在の日本銀行の本店であり，これ以外にも全国に32の支店と14の国内事務所があり業務にあたっている。日本銀行はその目的や組織運営などが日本銀行法により定められ，一般の銀行とは異なる次のような３つの役割を果たしている。

（出所）日本銀行HP，日本銀行について：各種窓口・手続の「本店見学」より

①　発券銀行

日本銀行がお札（日本銀行券）を発行していることは先に述べたとおりであるが，これは日本銀行にのみ認められた役割である。お札は，金融機関が日本銀行の本支店の窓口から銀行券を受け取った時点で発行となり，その後に金融機関から預金を引き出した個人や企業の手にわたり，各種の決済に用いられた後，再び金融機関を経由して日本銀行に戻ってくる。つまり，日本銀行や金融機関は，銀行券が全国各地に流通するための拠点としての役割をもっている。

日本銀行に戻ってきたお札に対しては，真偽鑑定や損傷度合いの検査（鑑査）が行われ，鑑査の結果，再度流通するのに適さないお札は廃棄される一方，流通に適するお札は，新しいお札とともに再び日本銀行から世の中に送り出される。

②　銀行の銀行

日本銀行は，銀行をはじめとする民間の金融機関から預金（日本銀行当座預金）を預かっているほか，金融機関に貸出を行っている。こうした関係は，一般の企業や個人と民間の銀行の関係に似ているところから，日本銀行は「銀行の銀行」とよばれることがある。

日本銀行当座預金は，金融機関同士の決済や日本銀行と金融機関の決済を行うための重要な手段として，金融機関が日本銀行に預けているものである。金融機関同士のさまざまな金融取引の決済は，日本銀行当座預金の振替えにより行われている。

図表１－２は，大学生の親が子供に仕送りをした場合のお金の流れを示している。親からの送金依頼によって，Ａ銀行は親の預金口座からお金を引き落とし，その情報を銀行間のお金のやりとりを行う全国銀行データ通信システム（全銀システム）を通してＢ銀行に送る。これを受けてＢ銀行は子供の預金口座に入金する。さらに全銀システムからの情報を受けて，日銀はＡ銀行の当座預金口座から，Ｂ銀行の当座預金口座へと振替えを行い，これによって決済が完了する。

図表１－２　親から大学生の子に仕送りができる仕組み

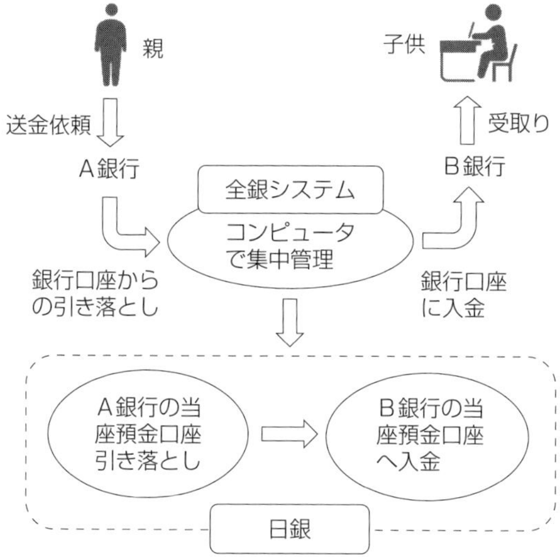

（出所）日本銀行（2023），図表４－５に加筆修正

お札の発行・流通・管理のほか，金融機関から預金（日本銀行当座預金）を預かり，これらの預金を通して金融機関同士のお金のやりとりを行うサービスを提供することで，効率的で安全な決済が行われるように努めている。このように，日本銀行はお札や当座預金といった決済手段を提供することを通じて，決済システムや金融システムの安定に貢献している。

③ 政府の銀行

日本銀行は，政府の預金口座を管理し，税金の受入れや公共事業費・年金の支払いなどといった，国のお金の受払いに関する事務（出納事務）を行っている。また，国債の発行に伴う入札や受渡しのほか，国債の元利金の支払いなど国債に関する事務を行っている。これらの事務を取り扱っていることから，「政府の銀行」ともよばれている。

Column❶ キャッシュレス社会

Web上での買い物が当たり前になるなかで，現金を使用せず，クレジットカードや電子マネーなどを利用した決済が広く普及している。このような「物理的な現金（紙幣・硬貨）を使用しなくても活動できる状態」のことをキャッシュレスとよび（経済産業省，2018），IT技術の進展にともない，いろいろな決済手段が開発されている。

これにより消費者は，支払い手続きが簡単になり，また現金の盗難や紛失といった心配をすることなく取引を行うことができる。企業の側も，お釣りの用意，手間のかかる現金管理や盗難，紛失のリスクなどから解放されるというメリットがある。また，消費者はキャッシュレスにすることで，現金で決済するときよりも消費活動を積極的に行うとされており（皆さんも，店舗での現金払いよりも，クレジットカード払いのほうが，支払いに対してのハードルが低くなる感覚はわかるのではないだろうか），経済全体への影響も見逃せない。また，お金の流れを把握しやすくなることから，政府にとっては税金徴収を行いやすくなる面もある。

もちろんキャッシュレスへの移行にはデメリットもある。消費者は個人情報が流出することを心配するかもしれない。企業には，キャッシュレスに対応した端末の導入にコストがかかり，さらに利用するシステムの利用料が発生する。また企業に資金が支払われるまでに時間がかかる（クレジットカードの場合は，半月から1ヵ月程度）など資金繰りの問題もある。

世界的にはキャッシュレスが進む方向にあるが，日本ではキャッシュレス化の動きが遅い。その理由として経済産業省（2018）は，①盗難の少なさや，現金を落としても返ってくると言われる「治安の良さ」，②きれいな紙幣と偽札の流通が少なく「現金に対する高い信頼」，③店舗等の「POS（レジ）の処理が高速かつ正確」であり，店頭での現金取扱いの煩雑さが少ない，④ATM の利便性が高く「現金の入手が容易」であることを挙げている。皮肉にも日本の長所がキャッシュレスの促進を妨げている状況ではあるが，これら長所を活かしつつ，国際的なキャッシュレス化の流れや高齢化，人手不足などに対応して決済手段を構築していく必要がある。

④—経営学と会計，ファイナンス

経営学とは，組織をうまく運営することを目的として，組織の有する経営資源を効率的に配分する方法を諸科学を用いて考える研究分野であるといえる。ここで組織とは，意識的に調整された複数の人間の活動の集合体のことをさす（榊原，2002）。たとえば企業，学校，病院，自治体さらには家庭までもが組織と考えられる。経営学の分野では，企業が対象となることが多く，どのようにすれば企業組織をうまく運営していけるのかを考えることが多い。本書でも，基本的に企業を想定して以下の話をすすめていく。

また経営資源とは，企業が事業展開のために利用することのできる資源を指し，ヒト（従業員などの人的資源），モノ（所有する土地，建物や設備などの物的資源），カネ（資金力や資金調達力で示される財務的資源），情報（企業に蓄積され，繰り返し利用可能な資源）が代表的なものとされる（**図表1－3**参照）。情報は無形であるが，ヒト，モノ，カネと結びついて活用されることによって大きな力となる。企業はこれら経営資源をうまく組み合わせることによって経営活動を行っていく必要がある。

図表1－3　経営活動に必要となる資源

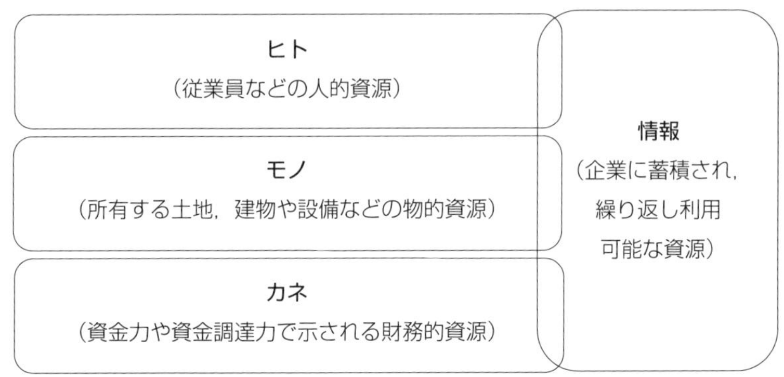

経営資源はただ単に多くを有していればよいというものではない。それを必要な量，必要とされる場所に配置しておく必要がある。そのためには，何らかの方法で経営資源を目に見えるかたちで捉えることが必要となる。たとえば企業が製品の製造のために保有する原材料であれば，長さ，重さ，体積といった観点から捉えることが可能である。経営資源を見えるようにする方法はさまざまあり，通常は複数の方法を並行して用い可視化を行う。

多くの資源を見えるようにする方法の中で，１つの有効な方法はお金（金額）によって捉えることである。多くの資源は，お金を払って得ることができ，金額によって評価できることが多い。たとえば，ある企業の生産活動に必要となる原材料を，各工場に配置したいとき，どのようにすれば管理できるだろうか。工場ごとに仕入れて保有している原材料の金額を確認するという方法が１つだろう。１つの工場に原材料が集中して保有されていれば，その工場の原材料の金額は大きいものとなり，必要に応じて，金額が少ない工場に原材料を輸送して再配置すればよい。原材料の使用状況は日々変わるから，頻繁にチェックして，その都度，資源の再配置を行い続ける必要がある。

この例に限らず，企業の経営活動の多くはお金の観点から捉えることができそうである。さらにいうと企業活動をうまく行うためには，お金をどのように扱うかが重要となり，ここに会計やファイナンスを学ぶ意義がある。

（１）会計とは

では会計とは，企業経営においてどのような役割を果たしているのだろうか。会計（accounting）はもともと「account（動詞）理由を説明する」からきており，企業や各種団体などの組織活動において，管理を任された人が，任せた人に対して，説明・報告することから始まっている。では何の管理を任されたのかというと，お金をはじめとした財産である。つまり会計の役割は，組織における経済活動を記録，集計して，管理を任されたお金の使い道を説明・報告することにある。

ただし，現金の出入りをそのまま記録，集計するだけが会計ではない。たとえば，商品を¥100で仕入れその代金は後日支払う約束をしていたところ，商品を¥120で販売することができ，その場で現金を受け取ることができた場合，もうけ（利益）はいくらとなると考えられるだろうか。最も簡単なのは，実際に増えた現金の額を受け取った現金の金額と支払った金額をもとに計算する次のような方法である。

受け取った現金　¥120 －支払った現金 ¥０ ＝ ¥120

この計算方法による利益の計算に違和感をもったかもしれない。確かに実際に支払った金額はゼロだが，商品の仕入はタダではない。この状況を克服するアイディアとして，現金の直接の出入りではなく，企業が経営活動に投下した努力とその成果に注目してもうけを計算する以下の方法が考えられる。

成果の金額　¥120 －努力の金額 ¥100 ＝ ¥20

現在，企業で一般的に用いられている会計では，企業の経営活動の実態を捉えるため，後者のアイディアによって利益が計算されている。このとき現金の増加（減少）がそのまま利益の増加（減少）とはならないことに注意が必要となる。ここでの例のように，相手に売り上げた金額を後から回収することを約束したものを売掛金という。売掛金によって売り上げた場合，現金はすぐには増えない。ただし，売掛金の増加は企業活動の成果であり，この金額に基づいて利益を計算したほうが，経営活動の様子をよりよく描写していると考えられる。もちろん決済手段としての現金自体の増減も非常に重要なのでこれについても管理する必要があるが，会計の守備範囲はそれだけでないということだ。会計は，実際の現金の増減（ファクト＝事実）ではなく，実質的な現金の増減（オピニオン＝意見）をみているといわれる理由はここにある。

（2）ファイナンスとは

一方，ファイナンス（finance）の意味を辞書で調べると，①資金を調達・供給する，②金を融通するという意味がある。想定されるリスク（詳細は第7章）を最小限に抑えて，効率的なお金の調達や運用に関する方法を考えるのがファイナンスである。

組織レベルによって，直面するリスクは異なる。少子化で高齢者が多くなり，将来年金の支払いができなくなるリスクは国・地方自治体レベルの話であり，このようなリスクを対象としたファイナンスを国家財政（public finance）という。新製品が売れると思って大量に作ったのに，ライバル企業がもっと良いものを作ったので，さっぱり売れなくなってしまうかもしれないリスクは企業レベルのものであり，このようなリスクを対象としたファイナンスは企業財務またはコーポレートファイナンス（corporate finance）とよばれる。自分は安全運転を行っていたのに，信号待ちをしていたら後ろから追突されるかもしれないようなリスクに対処するのは，個人レベルのファイナンスであり，パーソナルファイナンス（personal finance）とよばれる。

さしあたり3つのレベルに分けて説明をしたが，各レベルは相互に関連している。たとえば，増税（国家財政）は企業利益の減少（企業財務）に結びつき，日銀の金利上昇（国家財政）は，住宅ローン金利の上昇（パーソナルファイナンス）に影響を与えることが考えられる。企業経営にとって，中心となるのは企業財務であるが，国家財政やパーソナルファイナンスにも関係があることを意識して学習するとより理解が深まる。

Column❷　ファイナンシャルプランナー

現在からの将来にかけての家計の資金計画（パーソナルファイナンス）を客観的な立場から評価し，助言を行う職業がファイナンシャルプランナー（FP：financial planner）である。そのためFPには，金融，税金制度，不動産，住宅ローン，保険，教育資金，年金制度など幅広い知識が必要とされる。日本における代表的なFP試験には，2002年より実施されている国家資格のFP技能検定と日本FP協会が認定するAFP（affiliated financial planner）・CFP（certified financial planner）があり，各資格は相互に関連している。たとえば，２級FP技能検定は従来より実施されていたAFP試験と同等レベルとみなされ，AFP試験も兼ねて実施されている。

（3）会計とファイナンスの違いと学ぶ意義

会計が過去から現在に至る企業活動の様子を描写したものであるのに対して，ファイナンスは現在から将来にわたる企業活動を取り扱うものであるといえる。たとえば，会計情報の１つである損益計算書には，直近１年分の収益と費用の額が示されている。

ただし，過去から現在の状況を適切に記述するためには，ある程度将来のことを予測する必要があり，また将来を予測するには過去の記録が役立つことも多い。つまり両者は密接に関連していると考えられる。

たとえば，会計ルールのなかには，企業が保有する機械，土地などの資産評価をするときに，将来予想をとり入れたものがある。企業は，事業活動を行うことによって，将来現金を得ることを目的とすることが普通であり，そのために事業活動に必要となる機械を購入，保有する。保有中は，機械の金額（たとえば中古市場で売却したときの金額）よりも機械を使って将来得られる金額のほうが多いと考えているはずである。ただし事業用の機械には，企業を取り巻く経済環境の変化や技術の急速な進展による陳腐化によって，その資産から得られる金額が当初の予想よりも低くなる場合もある。そのような状況を資産価値の評価に反映させるために，将来のお金の流れを予想することが要求されている。

目には見えない過去のお金の流れを見えるようにするのが会計，その流れをもとに将来の投資方法を考えるのがファイナンスといえ，これらの技術は組織を運営するうえでは欠かせないものである。

●参考文献

内田浩史. 2016.『金融』有斐閣.

経済産業省. 2018.「キャッシュレス・ビジョン」経済産業省商務・サービスグループ消費・流通政策課.

榊原清則. 2002.『経営学入門（上）』日本経済新聞出版社.

日本銀行. 2023.「日本銀行 その機能と組織」日本銀行情報サービス局.

日本銀行金融研究所. 2011.『日本銀行の機能と業務』有斐閣.

第2章 事業投資の意思決定

Story❷－1　カフェスタンドの経営①

将来的には大きなカフェチェーンにしたいと考えているが，手始めに投資額の少ないカフェスタンドを1年やっていろいろと勉強してみたい。とはいえ，今後のことも考えると大きな赤字は困る。コーヒー豆の仕入，器具，カップの購入費などスタンドの経営には計50万円の投資が必要となる。この事業にお金を投資した場合，どのくらいの利益（または損失）がでるのだろうか。さらには，このように事業に投資すべきかどうかは，どのように判断すればよいのだろうか。

❶―投資とは

利益を得る目的で，事業に資金を投下することを投資という。ただし，実際には将来において利益とはならず損失が発生する場合もある。事業の成果として得られた金額とその事業を行うのにかかった金額（コスト）とを比較して，成果のほうが大きくないと利益はでない。さらにいうと，成果として得られた金額が大きいほど，その事業を行うのにかかった金額が小さいほど，利益は大きくなる。利益が大きくなるほど，投資は成功といえる。

つまり投資が成功するかどうかを見極めるには，将来得られる金額のうち手元に残る金額が大きくプラスになるのかどうかが重要な基準となりそうである。ここでは以下のケースを手がかりに，この基準をどう使うかを考えてみよう。

ケース 引越しをするにあたって，現在住んでいる家を売りたいと考えている。引越し先の家はすでにあり，手持ちの資金的にも売却を急いではいないが，できるだけ高く売りたい。信用のおける不動産屋２社に問い合わせると，代金の支払いについて以下の返答をもらった。どちらに売るべきだろうか。

A不動産：1,000万円を今すぐ支払う。

B不動産：1,012万円を１年後に支払う。

❷—現在と将来のお金の価値

さて，あなたならA不動産，B不動産のどちらと契約するだろうか？「なんとなくA（またはB）に売るのが良いかな」と思うのだけれど，自信をもってはっきりとはいえない人が多いのではないだろうか。多くの金額を支払ってくれる不動産屋に依頼するという基準は間違っていないが，お金を受け取るタイミングが違うために単純に比較がしにくい（**図表２－１**）。

図表２－１　A不動産とB不動産からの代金の受取り

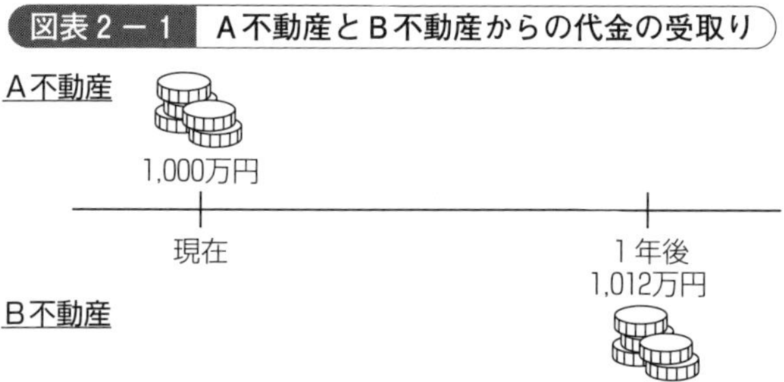

比較をしやすくするために，A不動産からお金をもらうタイミングを同じ将来時点でそろえてみることを考える。1,000万円受け取ってそのまま持っていれば，１年後も1,000万円のままである。ただし，この期間を使って確実にお金を増やす方法がある。たとえば，銀行に預けると，１年後に元本（預けたお金）プラス利子を受け取ることができる（なぜ預金すると利子を受け取ることができるのかはColumn❸参照）。

A不動産から受け取ったお金も銀行に預ければ確実に増やすことができる。ここでは銀行の利子率を２％として考えてみよう。このとき現在の1,000万円は1年後には1,000万円×（1＋0.02）＝1,020万円となり，このことから両者の価値は等しいと考えられる。つまり1年後の価値で比べると，A不動産へ売却し受取代金を銀行に預け入れたほうが8万円多くのお金を受け取ることができる（**図表2－2**）。

図表2－2　1年後のA不動産とB不動産からの代金の受取り

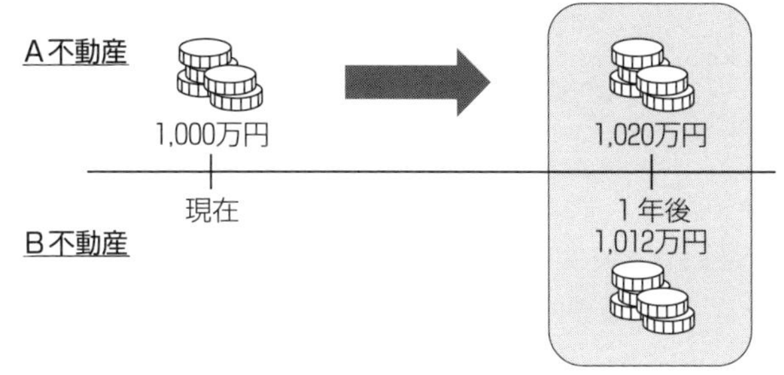

このように将来価値（ここでは1年後）でそろえて比べてみると，A不動産に売却したほうがよいことがわかる。

Column❸　なぜ銀行の預金には利子がつくのか

銀行にお金を預けてしばらくたつと利子がつき，自分が預け入れた元本の金額に加えられる。なお，法律上や銀行実務では利子ではなく利息ということばが用いられることが多いが，両者は同じ意味で用いられる。

ではなぜ，銀行は預金者に利子を支払うのだろうか。実は，支払われる利子は銀行が預金者から集めたお金を使って，その他の事業に投資したことに対する見返りとなっている。預金者は，銀行にお金を渡すことによって，そのお金を他のことに使って増やす機会を逃しており，その穴埋めを求める。**図表2－3**はこの仕組みを示したものである。

なお，資金を必要とする融資先の立場からみて，資金の拠出者（ここでは預金者）から直接は資金が流れてこず，仲介者（ここでは銀行）を通す金融を間接金融という。一方，資金の拠出者から直接に資金が流れてくるかたちの金融を直接金融といい，株主から直接に資金が払い込まれる株式がその代表形態である。

図表2－3　銀行の利息の支払いと受取り

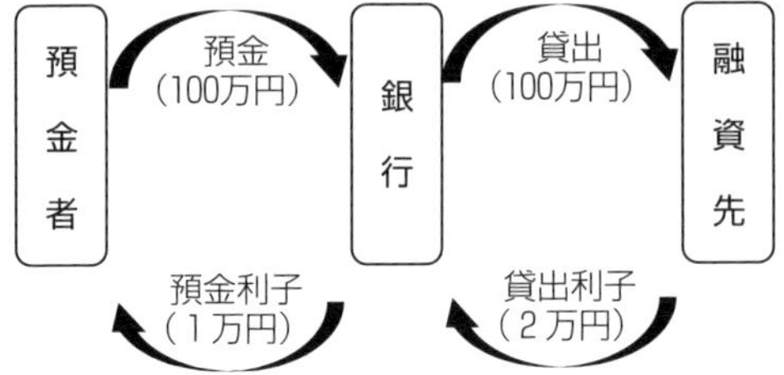

銀行の利益は2万円－1万円＝1万円となる。

(出所) 全国銀行協会HPより

預金者から集めたお金（100万円）は，お金を必要とする人に貸し出される。貸出を受けた人はその見返りとして貸出利息2万円を銀行に支払う。また，銀行はお金の拠出者である預金者に対する見返り1万円を支払う。差し引き銀行には1万円が残り，これが銀行の利益となる。

預金，貸付に加えて，お金の受渡しを現金ではなく，銀行口座間の資金移動等によって行う為替業務を加えたものが銀行の3大業務と言われている。為替業務は，第1章❸の②で説明したように日本銀行の決済システムを用いることによって行われる。

❸—将来価値から現在価値へ

先の❷では，将来時点の価値にそろえて比較したが，現時点の価値にそろえて比較することもできる。B不動産から1年後に受け取る額は確実なものであるという点で，その額は銀行に1年間預金後の金額と同じものと考えられるため，1,012万円を1.02で割れば現時点での価値を求めることができる。この手続きを割引といい，**図表2－4**からもわかるように現在の価値（現在価値）で比べても，A不動産へ売却したほうが多くのお金を受け取ることができる。

価値を比較するときには，比較する時点（現在，将来）をそろえる必要がある。そのために将来価値に変換したり，現在価値に変換したりする。どちらでそろえても比較結果は同じであるが，現在時点の価値に換算して考えるほうが直感的でわかりやすいことが多い。

図表2－4　現在価値と将来価値

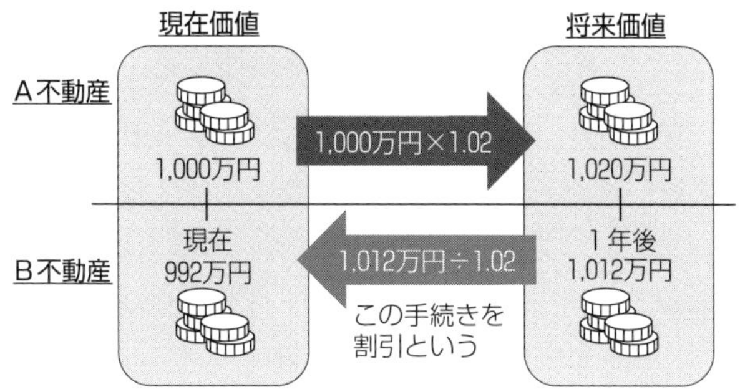

今検討している例では，１年後に１回キャッシュフローがあるだけであるが，将来の複数期間にわたって異なる金額のキャッシュフローを得ることができる事業もあるだろう。たとえば１年後に100万円，２年後に200万円，３年後に300万円のキャッシュフローが確実に得られる事業の現在価値はいくらになるだろうか（**図表２－５**）。

図表2－5　複数期間のキャッシュフローの割引

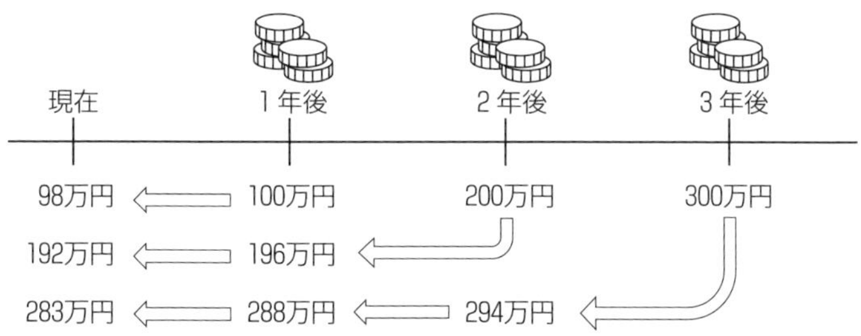

１年後の100万円の現在価値は100÷1.02で求められ，およそ98万円となる。２年後の200万円は200÷1.02で１年前の価値に変換するとおよそ196万円，これをさらに1.02で割ることによって現在価値およそ192万円に変換することができる。３年後の300万円は1.02で３回割ることによって現在価値およそ283万円に変換することができる。期間の異なる将来キャッシュフローの額を現在価値にすることができれば，これらの値を合算することによって事業の現在価値573万円を求めることができる。

❹—正味現在価値で考える

投資の意思決定においては，①事業の成果として得られる将来の金額と②その事業を行うために現在支払った金額とを比較して，①が大きいなら投資を行えばよい。この比較を行うには，各金額の評価のタイミングをそろえる（たとえば将来の金額を現在価値へ変換する）必要があるが，その手順は先に示したとおりである。現在価値に変換した①から②を引いた差を正味現在価値（NPV：net present value）といい，これは投資意思決定に用いられる投資判断基準の1つである。以下のストーリーによって，正味現在価値の使用方法をみてみよう。

Story❷－2　カフェスタンドの経営②

さしあたり投資額の少ないカフェスタンドを1年やってみたいと考えている。コーヒー豆の仕入，器具，カップの購入費など合わせて50万円の投資が必要となる。なお，この事業からは，1年後に確実に54万円を得ることができる。銀行の利子率が2％のとき，この事業に投資すべきだろうか。

成果からコストを引いたものがプラスにならないと投資は成功とはいえない。ただし成果は将来価値なので現在価値に変換して考えよう。現在価値に合わせて比較すると，3万円のプラスとなり，カフェスタンドには投資すべきということになる。

図表2－6　正味現在価値の計算例

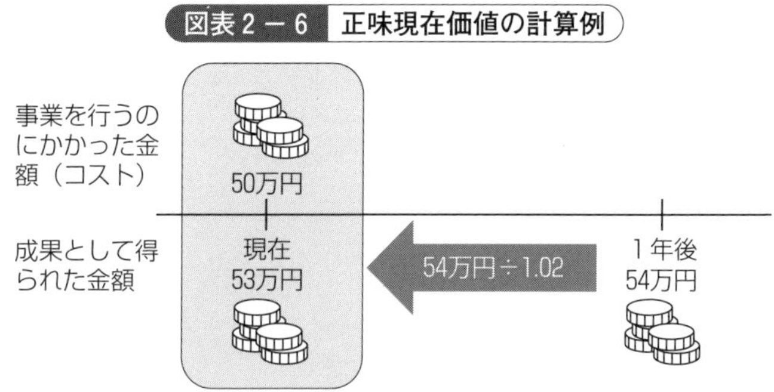

正味現在価値の考え方は，さまざまな投資の意思決定に使うことができる。ただし，注意しなくてはならないのは，①見積もった将来のキャッシュフロー

の額と②その割引率によって現在価値は大きく変わってしまうということである。本章の設例は，将来の見積りの金額が確実にもらえることがわかっているケースとなっていた。不動産の例では，将来キャッシュフローの額と，将来キャッシュの受け取りについて同じ程度の確実性をもつ別の投資案からのもうけ（銀行預金からの利子）がどれくらいかが明確にわかる状況であった。

現実には，そのようなケースばかりではない。まず①将来キャッシュフローの見積りは非常に難しく，いくらになるのかわからないことが多い。カフェスタンドの経営は，晴れた日が続けば将来に受け取る金額は多くなるだろうし，雨の日が多ければその逆になる。もちろん将来の天気は事前に正確に予想することができない。また，かかるコストについても正確にその金額を見積もることも難しい。事業を行うことによって成果として得られる金額やそのためのコストの金額を検討するには，会計やファイナンスの知識に加えて，経営戦略，マーケティングや人事などに関連する経営学の知識も必要となってくる。

次に②の割引率については，投資からの将来キャッシュの受け取りの確実性を，予想されるキャッシュフローの変動幅（リスク）と考え，これをもとに決定する必要がある。リスクのある事業に投資するとき，安全な事業へ投資した場合に比べて，より大きな見返り（リターン）を期待するのが普通である。つまりリスクの高い事業からのキャッシュフローの割引には，リスクを反映したより高い割引率を用いる必要がある。企業が直面するさまざまなリスクについては第７章でみていく。

これ以外にも，投資意思決定のツールとしてさまざまな方法が存在する。そのうちの１つである回収期間法は，投資金額が何年で回収されるのかを見積もり，あらかじめ設定されていた回収期間よりも短ければ投資を行い，長ければ投資をしないというものである。

図表２－７　回収期間法の例

投資額	1,000万円		
回収額	400万円	400万円	400万円
	１年後	２年後	３年後

たとえば投資額1,000万円，投資の結果として得られるキャッシュフローが少なくとも１年後から３年後まで毎年400万円であるプロジェクトでは，回収期間は2.5年となる（**図表２－７**）。もし判断基準となる回収期間が３年であれば，このプロジェクトを実行することになる。

この方法は計算も簡単であり適用しやすいが，投資の時間価値を考えていない（たとえば，２年後と３年後のキャッシュフローの現在価値を同じと考えている），回収期間後に得られるキャッシュフローの存在を無視しているといった問題点がある。多くのファイナンスの教科書では，正味現在価値の考え方が総合的に優れており，投資意思決定の基準として用いるべき方法とされている。

Column❹　日本の普通銀行

先のColumn❸にあげた銀行業務は銀行法で定められており，これら業務を行う銀行法上の銀行を普通銀行という。普通銀行は，監督官庁である金融庁の分類では，都市銀行，地方銀行，第二地方銀行，その他の銀行の４つに分けられる。

都市銀行は普通銀行の中でも規模が大きく，東京あるいは大阪に本拠地をおき，日本全国だけでなく全世界にも支店をもちメガバンクともよばれる。みずほ銀行，三井住友銀行，三菱UFJ銀行，りそな銀行がこれにあたる。

また，各都道府県に本拠地をおきその近隣地域を営業基盤とする銀行のうち，都市銀行に次いで規模の大きな銀行が地方銀行であり，地方銀行よりも規模が小さいのが第二地方銀行である。これらに当てはまらないのがその他の銀行であり，イオン銀行，ソニー銀行やセブン銀行など異業種から参入した銀行がここに含まれる。

●参考文献

Brealey, R., S. Myers, and F. Allen. 2011. *Principles of Corporate Finance (10th edition)*. New York: McGraw-Hill Education（藤井眞理子・國枝繁樹監訳. 2014.『コーポレート・ファイナンス（第10版）』日経BP社）.

Ross, S., R. Westerfield, J. Jaffe, and B. Jordan. 2010. *Corporate Finance (9th edition)*. New York: McGraw-Hill Education（大野薫訳. 2012.『コーポレートファイナンスの原理（第９版）』金融財政事情研究会）.

内田浩史. 2016.『金融』有斐閣.

第 3 章

株式会社とは何か

Story❸　カフェの開業

カフェの開業に向けて，今後考えていくべきことは何かを書きだした。どのような事業を行うか，その事業を上手く運営するためにはどのような組織をつくるか，必要なお金をどのように集め，どのように使えばよいのかといったことを考えていくことが必要となりそうだ。そもそも，事業を行う組織のことをよく企業とか会社とかいうけれど，これらは違うものなのだろうか？

❶─経済活動を行うための組織

私たちは日常生活を営むために，財やサービスの生産，販売，消費といった経済活動を行っている。この経済活動をスムーズに行うために用いられるのがお金であることは，第1章で触れたとおりである。

一般に営利を目的として，継続的に経済活動を営む組織体のことを企業とよんでいる。企業の中には，資金を1人で出している個人企業と資金を複数人が出す共同企業とがある。私たちが「企業」と同じような意味で使っている言葉に「会社」がある。会社とは共同企業のうち，法律（2006年までは商法，それ以降は会社法）に基づいて設立された法人のことを指す。ここで法人とは，人間ではないが，法律上人格を認められ，権利・義務の主体となりうる資格を与えられたものを指す。組織の構成員数が多い場合には，法人化することによって権利・義務といった法律関係を簡単ではっきりしたものにすることができる。たとえば，土地を購入した場合，法人を設立したうえでその土地を所有させるかたちにすれば，社員の数がどれだけ多く，また入れ替わりがあったとしても，所有権は一貫して法人に帰属し続けることになるので，法律関係の処理が行いやすくなる。また，法人化することによって信用を得られるという点も挙げられる。このような利点から，多くの企業が会社という形態を利用して営業活動を営んでいる。

❷―会社の種類

①　株式会社の歴史と特徴

現代において最も繁栄している会社形態は株式会社であるといえる。現在ある会社の種類や特徴を理解するためは，株式会社が成立した歴史とその特徴を知ることが役に立つ。

株式会社という形態は長い歴史のなかで発達してきた。16世紀の大航海時代，ヨーロッパの商人達は，コショウやナツメグといった東南アジアの香辛料を獲得するために，長い航海に耐えうる数隻の頑丈な船，船員・水夫などの乗組員，香辛料の交換に用いる銀などを準備し航海を行っていた。これには多額の資金が必要とされるため，商人達は共同出資を行い，航海後，持ち帰った香辛料などを売却し利益を分配していた。ただし，航海は非常に危険なものであり，船が帰って来なければ大きな損失を被る可能性があった。1600年になると，航海の成功率を高めるべくイギリスに東インド会社が設立された。ここでは，１つの航海ごとに企業を設立し，航海終了後に清算するというかたちをとっていた。

1602年には，オランダ東インド会社が設立された。オランダ東インド会社では，出資は10年間固定され，その間の出資者の入退出はできなかった。10年後の清算のときに，入退出が許されるが，会社はそれ以後も継続することができ，会社は永続性をもっていた。また，難破して船が壊れた，海賊に物資が奪われたといった場合にも，出資者は損失すべてに責任を負う必要はないという有限責任制度を有していた。

こうして徐々に形を整えていった株式会社の特徴として次の２つを挙げることができる。第１に，会社の所有権を株式というかたちに分割している点である。そうすることで，少額の資金しか持たない人からも出資を募ることができる。第２に，株主の有限責任制度がある。これにより株主は，出資分の義務を負うだけでよく，会社の債務を弁済する義務を負わない。これらの工夫によって，株式会社は，経営に必要な多くの資金を集めることができるようになった。オランダ東インド会社は，現在の株式会社と同様の性格をもっており，世界初の株式会社ともいわれる。

その後の工業化のなかで株式会社は巨大化し，株主数も増加していくと，株主１人当たりの影響力も弱まり，株主の多くは，経営を専門家に任せ，自身は経営に参加することを望まなくなっていった。このように株式会社では，出資者である株主と経営者が分離していくという事態（所有と経営の分離）が見られるようになっていった。

②　会社法における会社の種類

現在，会社法によって認められている組織形態には，**図表３－１**のようなものがある。会社は，それを所有する者と経営する者とを分ける（所有と経営の分離）程度，社員が負うべき責任の程度によって特徴づけられる。なお，ここでの社員は，法的用語の「出資者」という意味で，当該企業で仕事に従事している「従業員」（被雇用者）と区別される。たとえば，株式会社の社員とは，そこで実際の業務に携わっている従業員のことではなく，株主のことを指す。

会社はまず所有と経営が分離しているかによって，大きく株式会社と持分会社とに分類される。さらに持分会社は，責任の範囲に従って，有限責任と無限責任とに分けることができる。

図表３－１　会社の種類と特徴

種類		所有と経営	責任の範囲	会社数
株式会社		制度的に分離	株主は有限責任	約261万社
持分会社	合同会社	未分離	有限責任社員のみ	約16万社
	合名会社	未分離	無限責任社員のみ	約3,300社
	合資会社	未分離	有限責任社員と無限責任社員	約12,000社

（注）会社数は国税庁『会社標本調査（令和３年度分）』第４表をもとに作成

起業家が企業の設立を考える際に，株式会社，合同会社，合名会社，合資会社のいずれの形態とするのかは大きな問題である。伊藤ほか（2018）では，企業形態を選択する際に考慮する要素として，大きく以下の３つを挙げている。

(a) **私法（組織法）上の要素によるもの**

これには法人格の有無，構成員の負う責任が無限責任か有限責任か，設立にあたりどのような規制やコストが存在するか（許認可の必要性，最低資本金制度の有無，その他設立手続きに要する費用），利害関係者の間の法律関係をどの程度柔軟に設定することができるかなどが考えられる。また，企業を上場させることを視野に入れるのであれば，上場前に企業を株式会社形態としておくことが事実上必要となる。設立時に株式会社を選ぶ必要はないが，後に株式会社への変更が容易な企業形態を選んでおくことが必要となる。

(b) **租税法上の要素によるもの**

とくに法人課税の対象となるか否かが重要となる。多くの中小企業は，法人格のある企業形態を選ぶことによって節税を図っている。これは，所得税が累進課税（課税対象額が増えるほど，より高い税率となる課税方式）であるのに対して，法人税の税率が一定であることから可能となる。

(c) **その他の要因**

これには，特定の事業活動に対する法規制（例えば，公共工事を複数の建設会社が実施する際，会社間で共同企業体を作ることが行政指導により慣例となっているなど）のほか，「株式会社の方が合名会社よりもかっこいい」（あるいは「合同会社よりも一般の知名度が高いので，ビジネスがやりやすい」）などの感覚的な理由も含まれる。

Column❺　商法から会社法へ

2006年までは，会社についての多くの事項は，商法とその関連法案が規定していた。商法は，商人の営業，商行為その他商事について，これ以外については関連法案に定められていた。つまり会社についての規定がさまざまな法律に分散している状態であった。これら多岐にわたる法律の整備や経営環境の大きな変化に対応するために，商法に記載のあった会社についての事項を独立，改訂し，会社の設立，組織，運営および管理の一般について定めた会社法が制定され，2006年５月１日に施行された。これに伴い，商法の会社についての多くの規定および関連法案は廃止された。商法は，現在では主に法人ではない企業の法律として存在している。

会社について規定する法律が，商法から会社法へと変化することによって，有限会社という形態を廃止し株式会社に統合するとともに，合同会社の導入と最低資本金制度を撤廃するなど柔軟な組織設計が認められるようになった。

とくに最低資本金制度については，それまで，株式会社をつくるためには1,000万円，有限会社ならば300万円を用意し，資本金としなくてはならなかったが，資本金が１円の株式会社も設立できるようになった。これにより，小規模な企業でも株式会社の形態を採用することができるようになった。

会社を経営するにあたって，会社法にのみ注意していればよいというわけではない。たとえば上場会社では，会社法以外に会計基準や金融商品取引法によって規定される側面も多い。また，株式を上場している証券取引所が策定する自主規制ルールや関係者の間に残っている実務慣行の影響も非常に大きい。会社経営を考えるという点からは，どのような決まりが自社の経営活動に影響を与えているのかという点に気をつける必要がある。

会社法をはじめ，企業を取り巻く法律は時代の要請にあわせて変化していく。そのため企業経営を考えるうえでは，常にこれら法律の改正を知っておく必要がある。法律は，公布のための閣議決定を経たうえ，官報に掲載されることによって公布が行われる。これらの情報は，電子政府の総合窓口（e-Gov）においても公表されている。また，官報では公布された法律について，一般の理解に資するため「法令のあらまし」が掲載されている。

---

❸―株式会社の種類

株式会社はさらに，株式を他人に譲り渡すことができるかという点と，会社の規模という点から分類することができる。株主は会社の意思決定に影響を及ぼすことができるため，株式を自由に譲渡できるようにすると，会社の決定権を他に奪われてしまう可能性がある。これを防ぐ方法として，株式を自由に譲渡できないようにする譲渡制限を設けることが考えられる。具体的には，会社の基本規則を定めた定款に「当社の株式の譲渡には株主総会（本章❺参照）での決議が必要である」といった記載を行えばよい。

また会社の規模も企業経営を考えるうえでは重要な視点である。会社の規模を測る方法として，企業がもつお金の大きさに着目する方法がある。企業の元手となる資本金や企業がもつ負債の規模によって中小会社，大会社にそれぞれ分類することができる。これらの視点を組み合わせることによって，株式会社は**図表3－2**のように分類することができる。ここからは，非公開で中小の会社が最も多く，日本の株式会社の大部分がこのような会社であることがわかる。また大会社ではあるが非公開としている会社は9,000社程度あり，大会社かつ公開会社である会社は4,000社程度となっている。証券市場で株式が売買されている会社（上場会社）のほとんどが公開大会社に該当するため，経済ニュースやインターネットでこれら企業の名前を見聞きすることも多いだろう。

図表3－2　株式会社の分類

	中小会社（資本金5億円未満，かつ負債200億円未満）	大会社（資本金5億円以上，または負債200億円以上）
非公開会社（株式譲渡制限会社）	日本の株式会社のほとんどがこれに分類される。	9,000社程度あり，同族の色彩が濃い会社が多い。
公開会社（株式譲渡の制限なし）	新規上場企業の一部や実態は株式譲渡制限を定めることを忘れている会社が含まれる。	上場会社のほとんどがこれにあたり，4,000社程度ある。

（出所）伊藤ほか（2021），第4章第1節④機関設計より作成

④―株式会社の設立

株式会社を設立するとしたら，どのような手続きが必要となるのだろうか。手続きの中には，その後の経営を考えるにあたって知っておくべきことが多い。以下で順をおってみてみよう。

①　定款の作成

会社の組織と活動に関しての基本的な決まりを定めた定款には，会社の目的，組織，業務内容などが記載されている。会社の形態によって，定款に書かなければならない事項は決まっているが，株式会社の場合は(a)目的，(b)商号（会社の名称），(c)本店の所在地，(d)設立に際して出資される財産の価額またはその最低額，(e)発起人の氏名・名称および住所，(f)会社が発行することができる株式の総数である発行可能株式総数についての記載が必要となる。

補足をすると，(e)の発起人とは，設立を企画し，設立を行う者であり，設立時に発行する株式を引き受けて出資を行い，会社設立時に株主になる。

また，(f)の株式数のすべてを設立時に発行する必要はなく，定款に定める株式数の範囲内であれば，取締役会の判断でいつでも株式を発行することができる（これを授権資本制度という)。

これ以外の設立時の株式発行に必要な事項（発起人に割り当てられる株式数や資本金への組入れ額など）については，必ずしも定款に定める必要はない。株式発行の対価として払い込まれた金額はすべて資本金とするのが原則であるが，資本金の２分の１を超えない金額は資本準備金とすることができる。

②　株式引受人の出資の履行

発起人は，出資を行い株主となる約束（株式の引受け）後，引き受けた株式の全額について，金銭の出資（払込み）または現物出資（給付）を行う。これにより会社の財産が形成される。

③　設立時役員の選任

出資の履行が完了した後，すぐに取締役を選任する必要がある。また，その他の役員についても機関設計に応じて決定する必要がある。

株式会社の機関設計については次の❺で説明するが，ひとことでいえば会社内にどのような機関を設置するかを決定することを指す。機関とは，法人の意思決定をし，あるいは法人の運営に携わるもののことをいい，たとえば取締役，監査役，株主総会などを挙げることができる。

④　登記

会社登記とは，定款に定められているような会社の基礎事項を法務省の地方部局である法務局に登録し，一般に開示できるようにすることである。このように，設立した会社の概要を一般に公表することによって会社の信用が形成され，取引先も安心して取引ができるようになる。会社の登記によって，株式会社が成立することになる。

法務省への登記申請は，原則として代表取締役が行うものであるが，その手続き準備は，司法書士などの専門家に依頼したり，企業が提供する書類作成サービスを利用したりすることもできる。

Column❻　法律に関係する職業

法律の専門家というと弁護士がまず頭に浮かぶが，それ以外にもさまざまな専門家がいる。ちなみに職業名に○○士とつくもののうち，専門資格をもたないとその名称を用いることができなかったり，行うことができない独占業務をもつ職業は，士業ともよばれる。

本文中の司法書士は，登記代理，裁判所・検察庁・法務局に提出する書類作成などが主な独占業務となる。これ以外に，法律に深く関係する士業として，土地家屋調査士，税理士，弁理士，社会保険労務士，行政書士，海事代理士などがある。

---

❺—株式会社の機関設計

（1）株式会社の機関

株式会社には，少なくとも株主総会と取締役の２つの機関を設置する必要がある。まずは，この２つの機関の役割をみてみよう。

株主総会は議決権をもつ株主によって構成される株式会社の意思決定機関であり，会社法によって決められた決議事項は，次の３つにまとめられる（高橋ほか，2018）。

①　会社のあり方の大きな変更に関する事項

これには例えば，定款の変更，合併契約の承認などがある。定款は企業のあり方について基本的な事項が定められているため，株主の合意なしに簡単に変更することは適切ではない。また，複数の企業法人が１つになる合併といった組織の再編（第12章参照）に関連することは，企業経営においても重要な判断事項であり，これも株主の承認を得る必要がある。

②　株主にとってとくに利害関心が大きいと考えられる事項

例えば，株式併合（複数の株式を１つにまとめること）や剰余金の分配（株主への配当支払いなど）がこれに含まれる。いずれも株式に関連することであり株主の合意が必要となる。

③　取締役に決定させるのが適切でない事項

取締役とは，会社経営に関する業務を執行する者を指し，株主総会において選任される。取締役によって構成される取締役会をおく会社では，ここで業務執行に関する意思決定が行われる。会社法で定められている事項については，株主総会の承認を取らなくても取締役会で決定できるため機動性が高まる。ただし，役員（取締役，会計参与，監査役）の選任や取締役の報酬までも取締役が決めていては，正常に機能しなくなる可能性がある（これが上記③にあたる）。

株主総会，取締役，取締役会の他には，会計参与，監査役，監査役会，会計監査人，監査等委員会，指名委員会等および執行役が機関とされている。

（２）株式会社の機関設計

公開会社であるか非公開会社であるか，または規模（中小会社，大会社）によって採用可能な機関設計は異なる。たとえば非公開会社かつ中小会社であるなら10パターンの機関設計があり，公開会社かつ大会社の場合なら３パターンの機関設計が認められる。

会社が適切に機能するには，その実情にあった機関設計を行うことが必要となる。以下では，よく用いられている機関設計の例を見てみよう。

①　監査役会設置会社

大規模会社で一般的な機関設計として，監査役会設置会社（**図表３－３**）がある。監査役会設置会社では図表３－３のように，株主総会，取締役会，監査役会，会計監査人が機関として存在する。会計監査人を除く３つは，会議体である。株主総会では，(a)役員・会計監査人の選任，(b)株式会社の組織・運営などの重要事項について決定される。また，株主総会は取締役会および監査役会を構成する取締役，監査役を選任する。取締役会の役割は，(a)業務執行の決定，

(b)取締役の職務の執行，(c)代表取締役の選定・解職である。また，監査役会の役割には，(a)監査報告の作成，(b)常勤の監査役の選定・解職などがある。

図表３－３　監査役会設置会社の仕組み

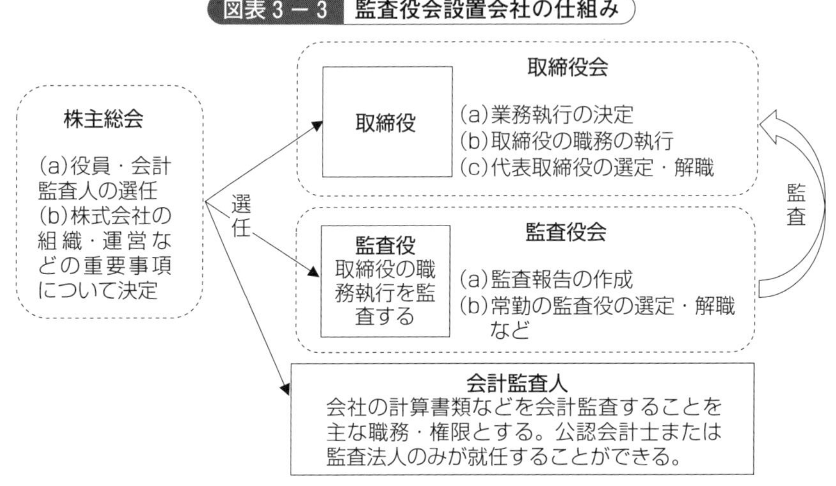

②　監査役制度の問題点

非常によくできた監査役制度であるが，問題点もある。多くの企業では，取締役のほとんどが業務執行を担当し，取締役の間に上下関係が存在し，上位者である経営トップが取締役・監査役の人事や報酬について事実上の決定を行っていることが多い。これは取締役・監査役による経営トップの監視が十分に機能していない状態といえる。

③　どのような機関設計が望ましいのか

ではどのような機関設計が望ましいのか。この問題に対応するために2002年改正商法では委員会等設置会社が提案され，改正を重ねた後，現在は指名委員会等設置会社となっている。指名委員会等設置会社では，取締役会に指名・報酬・監査という３つの委員会を設置し，取締役会が業務の執行役を選任する。各委員会の委員の過半数は社外取締役でなくてはならず，また取締役は業務執行できず，業務執行は執行役が行う。これにより，監督と執行を分離することができ，適切な企業運営を行うことが期待される。ただし，指名委員会等設置会社が東証プライム上場会社に占める割合は，2023年8月現在4％ほどと非常に低い状態である（日本取締役協会，2023）。普及が進まない理由の1つとして指名・報酬委員会の権限が強すぎることが指摘されており，この改善が必要となる。2014年改正会社法では，監査役会設置会社と指名委員会等設置会社の中間的な仕組みとして，監査等委員会設置会社が導入され，東証プライム上場会社の約4割にまで採用が進んでいる。企業の実情に対応して，機関設計は見直されている。

2019年12月4日に成立した改正会社法においては，社外取締役設置の義務化，株主総会資料の電子提供，取締役の報酬等，株式交付についての改正が行われた。このように法規は頻繁に見直しが行われるため，企業経営にあたっては常に最新の法規に注意を払っておく必要がある。

近年では，企業の不正行為の防止と競争力・収益力の向上を総合的にとらえ，長期的な企業価値の向上に向けた企業経営の仕組みであるコーポレートガバナンスに注目が集まっている（第13章参照）。機関設計をどのようにするかはコーポレートガバナンスのあり方に深く関連している。

●参考文献

伊藤靖史・大杉謙一・田中亘・松井秀征．2021．『会社法（第5版）』有斐閣．
高橋美加・笠原武朗・久保大作・久保田安彦．2020．『会社法（第3版）』弘文堂．
日本取締役協会．2023．「上場企業のコーポレート・ガバナンス調査」日本取締役協会．
羽田正．2007．『東インド会社とアジアの海』講談社．

第4章 企業の財政状態：貸借対照表

Story❹ カフェスタンドの資金管理

カフェスタンドからはじめて，軌道にのれば自動車を使った移動式カフェ，それがうまくいけば実店舗も構えたい。まずは，カフェスタンド事業を行うための株式会社を作って出発しようと考えた。はじめに必要なのは経営活動に必要な資金を集めることだが，資金はどのように調達すればよいのだろうか？　さらには，その後に集めた資金をどのように管理していけばよいのだろうか？

❶―営業循環と資金の流れ

カフェスタンドの経営活動の流れは**図表４－１**のように表すことができる。まずは開業に必要な資金を集め，それをもとにコーヒー豆，コーヒーを淹れるための器具，お客さんに提供するための紙コップを購入する必要がある。コーヒーをお客さんに販売することができれば，代金を受け取ることができ，それをもとにまたコーヒー豆を仕入れて…，といったように途切れることなくこれら活動は続いていく。

企業活動の様子を表した図表４－１は，カフェスタンド以外の事業にも当てはまるものである。どんな企業であれ，はじめに資金調達を行う必要があり，集まった資金をもとに仕入を行い，それを販売し，対価として代金を回収する。そして回収された代金をもとに，仕入活動を行うという形で経営活動が続いていくのが普通である。このような企業活動の基本となる活動の一連の流れを営業循環という。なお，ここでは販売するものを自社で生産していない非製造業（サービス業）をもとに考えている。販売するものを自社で製造していれば製造

図表4－1　カフェスタンドの営業循環

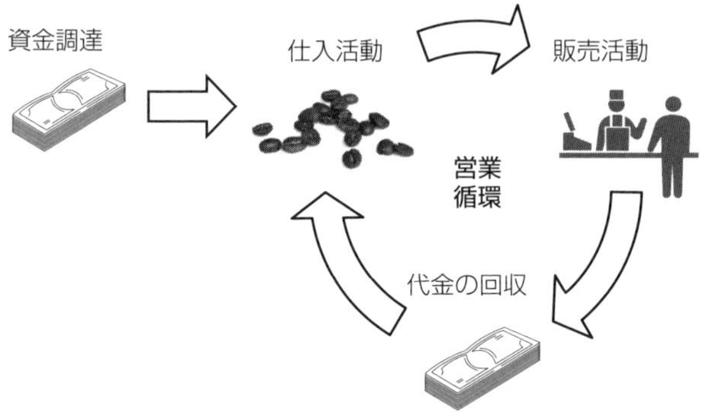

業とよばれ，このとき営業循環の仕入活動のあとに，製造活動というプロセスが加わる（第6章参照）。

企業経営がうまく行われているということは，ヒト，モノ，カネ，情報が適切に組み合わされて営業循環をうまく回すことができているということである。こうした事業活動は何十年，ときには何百年と続くことがあるが，企業の経営管理という点では，継続する事業活動を一定期間で区切る必要がある。とくに企業に流れるお金の計算をするために区切った期間を会計期間といい，日本では4月にはじまり，翌年3月に終わる1年とする企業が多い。会計期間の始まりを期首，終わりを期末という。

❷—株式会社の資金調達

先の営業循環から，企業が営業活動に必要な資金を調達する方法には，営業循環の外部における資金調達と代金回収によって得られる営業活動からのもうけがあることがわかった。

新たに企業を始めた（起業した）場合は，まだ営業活動を行っているわけではないので，もうけは得ることはできず，それ以外の手段によって資金調達するしかない。株式会社では，まず株主からの資金調達によって資金を捻出することが多い。また，銀行などの企業外部から調達することもある。両者の違いは，返済する必要があるかないか，利子を支払う必要があるかないか，経営への参加権があるかないかといった点にある。そのため，企業経営上2つを区別して管理しておく必要がある。なお株式のように資金を拠出する人から受け取る企業に直接お金が流れる金融のかたちを直接金融といい，銀行借入のように資金の拠出者と受け取る企業の間に仲介者がいるかたちの金融を間接金融という（第2章Column❸参照）。

さらに調達した資金をどのように使っているか（結果としてどのような財産を持っているか）が明らかになれば，経営者にとって経営管理を行ううえで便利であり，お金を貸した（あるいは将来貸し手になってくれそうな）側も，自分が拠出した資金を，企業がどのように使っているかを知ることができる。

Column❼　クラウドファンディング

クラウドファンディング（crowd群衆＋funding資金調達）とは，お金を必要としている人や組織が，その使用目的を示し，賛同した人にお金を提供してもらうという資金調達方法を指す。インターネットを通して行うのが一般的であり，多くの人から少額ずつ資金を集めることができるため，比較的調達が行いやすい。また資金提供者には何らかの見返りが提供されることが多い。日本でも多くのクラウドファンディングサイトが存在している。

クラウドファンディングには，寄付型，完成後の製品やサービスへの代金の前払いである購入型，株式やファンドへの出資の形となる投資型，貸付の形となる融資型の4つのタイプがある。投資型，融資型は金融商品取引となり，運営業者は金融商品取引業の登録が必要となる。

❸—お金の動きを記録する簿記

（1）簿記の必要性

資金調達の局面だけではなく，その後の企業活動のさまざまな場面において，お金の流れを明らかにして管理していくことが必要とされる。これを実現するために，企業の日々の経営活動をお金の観点から記録する技術が簿記（book keeping）である。

経営活動のすべてが簿記の記録の対象となるのではなく，財産の増減に関する活動である取引が記録される。取引ときくと，相手企業と商品売買契約を結んで代金を回収するという，いかにも自主的な活動を指すように思えるが，火事によって倉庫が燃えた場合も財産が減少するという意味において取引に含まれることになる。

商売を始めたころは，取引の種類も数も多くはないために，その管理を記憶に頼っていくことも可能かもしれない。しかし経営活動が順調で，取引の種類も数も増加した場合には，記憶のみに頼ることは難しく，すべての取引を一定の決まりにしたがって記録する方法が必要となる。ここに簿記の必要性がある。

今日，簿記といえば企業の取引をその実体に応じて，借方と貸方とに分けて仕訳という形で記録する複式簿記を指すことが多い。複式簿記は少なくとも，イタリアにおいて15世紀ごろから使用されており，日本においては明治時代から普及したとされている。現在においてもその枠組みは同様である。

（2）複式簿記による取引の記録

複式簿記では，日々の経営活動を，資産，負債，純資産，収益，費用（各項目の詳細は後述）の５つの側面から捉えて記録する。逆にいえば，この５つの側面から捉えることのできない企業活動は簿記では取り扱うことができない。本章では，さしあたり，資産，負債，純資産を使って簿記の記録方法について考えてみよう（収益，費用については第５章参照）。

資産とは，企業がそれを利用し経済活動を行うことによって，将来に現金を獲得できるようなものをいい，銀行に預けている普通預金，掛け（支払いをその場でなく，後で行うとする約束）での売上について後日の代金受取を約束した売掛金，販売する目的で所有する商品，店舗や事務所といった建物などがそれにあたる。

また，負債とは将来に現金の支払いをもたらすような債務などをいい，商品を掛けで仕入れたときに生じる債務である買掛金や，現金を借り入れたときに生じる債務である借入金などがある。

企業がもっている資産の総額から負債の総額を差し引いた額を純資産といい，これには株主が拠出した資本金と企業が事業活動を行うことによって得たもうけの部分である繰越利益剰余金が含まれる。

図表4－2は資産，負債，純資産の代表的な項目をまとめたものである。これら項目は，取引を細かく区分して記録するために設けられた簿記上の区分単位で勘定といい，この勘定につけられた名称は勘定科目という。

図表4－2　資産，負債，純資産の代表的な項目

資産	現金，普通預金，売掛金，商品，備品，建物，土地，車両運搬具
負債	買掛金，借入金
純資産	資本金，繰越利益剰余金

たとえば，企業が「銀行から10万円を借り入れ，それを現金で受け取った」とき，簿記ではこれを借入金という「負債の増加」と，現金という「資産の増加」の組み合わせとして捉える。各項目の増減は，以下のように帳簿の左側（借方）と右側（貸方）のどちらに記入するかによって表される。「負債の増加」ならば貸方，「資産の増加」ならば借方にその金額を書くことになる。

(借方) **資産**	(貸方)
増加	減少

(借方) **負債**	(貸方)
減少	増加

(借方) **純資産**	(貸方)
減少	増加

結果として，先の企業活動は，次のように勘定名と金額の組み合わせを借方と貸方に配置することによって表される。このような形式で企業活動を記録したものを仕訳という。

（借）現　金　　100,000　　（貸）借入金　100,000

日々発生する取引を仕訳の形で記録しておき，さらには一定期間の記録をまとめることによって，経営上の意思決定にも役立つ，企業財務について書かれた書類である財務諸表を作成することができる。

Column❽　主要簿と補助簿

期中の取引は仕訳帳とよばれる帳簿に記入され，月末などの決められたタイミングで，総勘定元帳に勘定ごとにまとめ直すことによって，各勘定の貸借残高が明らかにされる。期末にはこの情報をもとに財務諸表が作成される。このような一連の流れは簿記一巡とよばれ，**図表4－3**のように示される。

かつては紙の帳簿で行われた手続きも，現在ではコンピュータ上で会計・経理のアプリケーションを使って行われるのが一般的であるが，簿記一巡の流れに変わりはない。

図表4－3　簿記一巡の流れ

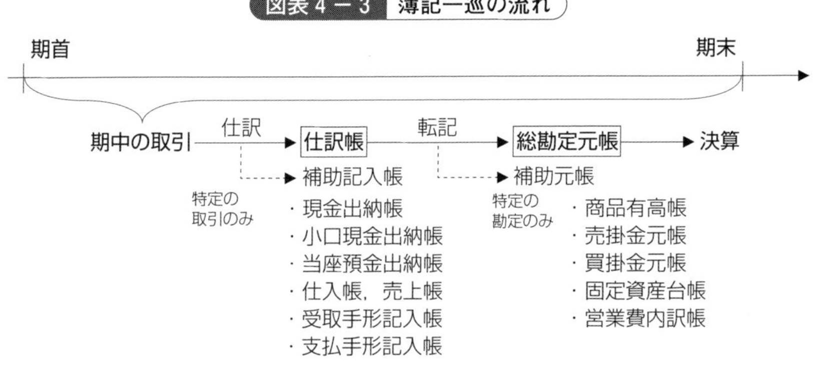

仕訳帳と総勘定元帳にはすべての取引が記帳されており，これらは主要簿とよばれる。ただし経営活動を行うには，主要簿に関連する詳細な情報も有用となる。これら情報を記帳したのが補助簿であり，補助記入帳と補助元帳とがある。

図表４－４　現金出納帳の例

現金出納帳

○年		摘　　　要	収　入	支　出	残　高
6	1	前月繰越	920,000		920,000
	2	北大路商店に現金売上げ	40,000		960,000
	4	富山商店から備品を買入れ		20,000	940,000

たとえば現金出納帳では，お金が出入りした日付とその金額だけではなく，なぜ増減したかについて摘要欄に取引先名，取引内容を記載している（**図表４－４**）。このように簿記の記録は主要簿と補助簿が連携することによってなされている。

---

④—企業の財政状態

（１）貸借対照表の仕組み

経営活動が進むにつれて，多くの取引が行われ，その内容が仕訳のかたちで記録されていく。記録された情報のうち，資産，負債，純資産の項目を集計することによって，ある一時点における財政状態（資金をどこから調達し，何に使用しているのか）を明らかにする，貸借対照表（B/S：balance sheet）を作成することができる。

先の例でみたように，企業には資産，負債，純資産が存在するのが普通であり，このとき資産であれば増加を示す借方のほうが多く（借方残高），負債であれば貸方残高となる。

貸借対照表の貸方には，源泉別に調達資金が書かれている。銀行をはじめとした債権者から調達したのであれば負債に表示され，株主からであれば純資産に表示される。負債，純資産には，それぞれより詳細な項目内容が記載されている。**図表４－５**のように，銀行から借入を行えば，負債に借入金として記載を行い，株主からの拠出が行われれば，純資産に資本金として記載されることとなる。

図表4－5　貸借対照表の例

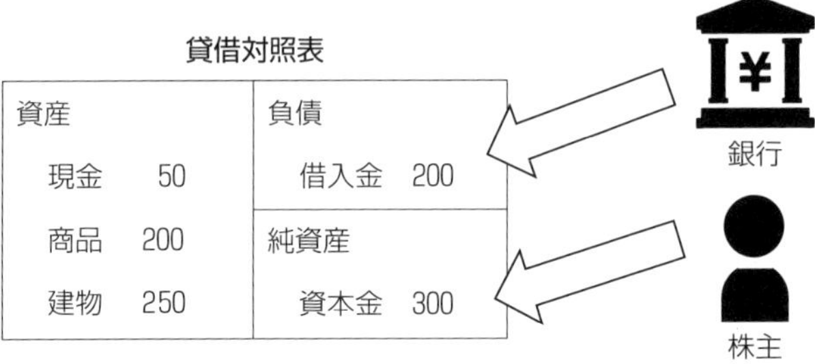

借方には調達された資金を使用して，企業がどのような資産を保有しているのかが示される。図表4－5は，銀行からの借入200，株主からの拠出金300を現金というかたちで受け取った後，その現金を使って商品200を仕入れ，建物250を購入した結果を示しており，資産に商品200，建物250，使われずに残った現金50が表示されることとなる。

(2) 貸借対照表からわかること

先のようなプロセスで作成された貸借対照表からは次のようなことがわかる。

①　保有する資産の内容

どのような資産を所有して，経営活動を行っているのか。無駄な資産を所有していないか，資産が有効に活用されているのかを確認することができる。

②　事業規模

資産の大きさから，事業規模を推測することができる。企業経営は，事業規模の違いによってさまざまな影響を受ける。たとえば，事業規模を大きくすれば，高額な機械からより多くの製品をつくることによって，製品1個当たりに含まれる機械のコストを小さくすることができる。このような現象を規模の経済といい，結果として企業の収益が向上する。

③　資金調達方法とそのバランス

負債，純資産どちらから多く資金を調達しているか。調達方法によって，資金返済・利子支払いの有無や支払いのタイミングが異なる。

④　資金の返済能力

貸借対照表では，資産は現金として受け取るのにかかる時間の長さに応じて流動資産（短い），固定資産（長い）に分類されて表示される。たとえば銀行に預けられている預金は，引き出せば現金となるので流動資産であり，工作機械は，中古市場で販売するなどして現金化することができるが，それには時間も手間もかかるため固定資産として計上される。

また，負債は現金によって支払う必要のある時点までの期間の長さに応じて，流動負債（短い），固定負債（長い）に分類することができる。すぐ支払いに用いることのできる流動資産によって，急いで返済の必要な流動負債の支払いが行われるべきであり，両者の大小関係から資金の返済能力がわかる。

（３）貸借対照表による利益計算

このように取引の記録を取り続けていれば，企業はいつの時点でどれだけの資産，負債，純資産をもっているのかを知ることができる。また，企業活動によってどれだけ利益が出たのかについても，期首から期末にかけての純資産の変化額をみれば分かる。

図表４－６　貸借対照表による利益計算

貸借対照表（期首）

資産		負債	
現金	50	借入金	200
商品	200	純資産	
建物	250	資本金	300

⇒

貸借対照表（期末）

資産		負債	
現金	200	借入金	200
商品	125	純資産	
建物	225	資本金	300
		繰越利益剰余金	50

図表４－６の例では，企業の経営活動にともなって各資産の額が変化しているが，利益は，純資産の増加分50（=期末350－期首300）として計算することができ，利益の額は繰越利益剰余金となる。

しかし，企業経営上はどのような理由によって利益（または損失）が発生したのかを知ることが重要となる。これを知るためには貸借対照表の項目がなぜ変化したのかを示した書類が別に必要となり，これが次の第５章でとり上げる損益計算書である。

Column❾　単体情報と連結情報

企業は単体ではなく，企業集団を形成して経営活動を行っていることが多い。たとえばトヨタ自動車は，国内製造会社，海外製造会社，国内販売会社，海外販売会社，金融会社といった関係会社と企業集団を形成している。

その場合，利害関係者が企業の様子を知るためには，企業単体の情報だけでなく，企業集団全体の情報も役に立つ。そこで企業は企業単体を対象とした個別財務諸表と企業集団全体を対象とした連結財務諸表とを作成，公開している。

おもに投資家に向けた情報である有価証券報告書でも，「第１　企業の概況」「４　関係会社の状況」にどのような関係会社があるのか，「第５　経理の状況」には，連結財務諸表とならんで個別財務諸表が掲載されている（第14章図表14－１参照）。金融庁の情報開示システムEDINET（https://disclosure.edinet-fsa.go.jp）では，有価証券報告書を自由に閲覧することができる。自分が知っている企業についての情報を調べてみよう。

連結財務諸表は，自社の個別財務諸表に関係会社の個別財務諸表を足し合わせて作成する。ただし，単にこれらを合計すればいいわけではなく，たとえば企業集団間で行われた取引は，１つの企業集団としてみた場合にはあくまで内部取引であるため，これらについては相殺消去する手続きが必要となる。

●参考文献

桜井久勝．2023．『財務会計講義（第24版）』中央経済社．
谷武幸・桜井久勝・北川教央編著．2021．『１からの会計（第２版）』碩学舎．
渡部裕亘・片山覚・北村敬子編著．2023．『検定簿記講義３級商業簿記』中央経済社．
渡部裕亘・片山覚・北村敬子編著．2023．『検定簿記講義２級商業簿記』中央経済社．

第5章

企業の経営成績：損益計算書

Story❺　カフェスタンドの営業活動

経営者の出資と銀行からの借入によって，なんとか企業活動に必要な資金を調達した。まずは，営業活動に必要なコーヒー豆を仕入れ，ポットとドリップ器具，カップを購入した。カフェスタンドによる販売は好調。これら取引は仕訳をしっかり行って帳簿に記録している。しばらく経って，初めのころより現金や器具などの資産が増えていることに気がついた。しかし，資産はなぜ増えたのだろうか？

❶—損益計算書による利益計算

(1) 損益計算書の必要性

資金調達が行われたならば，いよいよ営業循環の最初のステップである仕入活動を行うことになる。サービス業であるならば，仕入れた商品をもとに販売活動を行う（第4章の図表4－1参照）。通常，商品の仕入にかかった金額そのままで販売することはなく，それに利益をのせた金額で販売するため，受け取る代金の金額は，引き渡した商品を仕入れたときの金額よりも大きくなる。

第4章の最後にも触れたように，貸借対照表において，利益（損失）は，純資産の増加（減少）分として計算することができる。ただし，企業経営上，利益（損失）が発生したという事実は重要ではあるが，どのような原因によって利益または損失が発生したのかを知ることが経営管理上とても大切になる。ここに損益計算書（P/L：profit and loss statement）を作成する意義がある。

複式簿記では，期中に起こった取引を資産，負債，純資産，収益，費用の各項目を用いて記録するということは前述のとおりであり，収益と費用が損益計算書を構成する項目となる。収益とは，営業活動によって達成された成果のことを指し，顧客に対する売上が主となるが，本業以外の仕事からの手数料である受取手数料，預金や貸付金などから受け取った利息である受取利息などがある。また費用とは，その成果を得るために費やされた努力のことをいう。従業員へ支払った給料，電気・ガス・水道代といった水道光熱費，銀行への利息の支払いである支払利息がこれにあたる。収益の発生は貸方に，費用の発生は借方に記入する。

（借方）	**収益**	（貸方）
		発生

（借方）	**費用**	（貸方）
発生		

たとえば，今月分の従業員給料として20万円を現金で支払った，というケースでは，費用の発生と資産の減少という組み合わせとなり，仕訳すると以下のようになる。

（借）給料　200,000　　（貸）現金 200,000

一定期間における収益と費用の項目を集計することによって，会社がどこにお金をかけ（投資し），そこからどのようなかたちでリターンを得ているのかを明らかにする書類（損益計算書）を作成することができる。最終的に収益マイナス費用がプラスであれば当期純利益（**図表5－1左**），マイナスであれば当期純損失（**図表5－1右**）が計上される。

図表5－1　損益計算書による利益計算

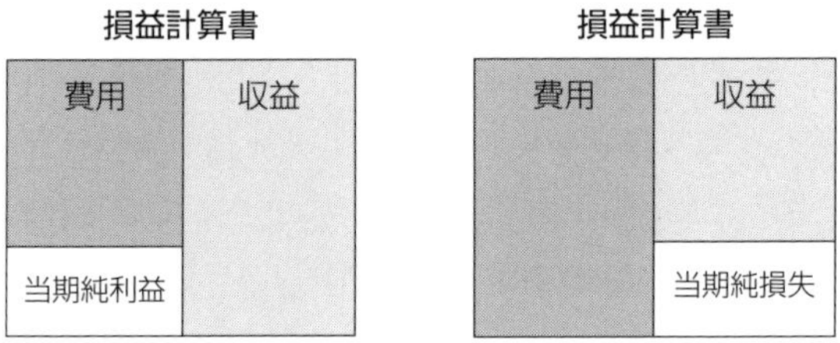

損益計算書の仕組みは，売上高（収益）を大きく，コスト負担（費用）を小さくすることによって，最大の利益をあげようとする企業の経済活動の本質に合致しており，当期にかかった費用とそこから得られた収益を比較することによって，当期の企業のもうけ（利益）とその発生原因を知ることができる。

（２）損益計算書の表示（報告式）

報告される損益計算書は，図表５－１のように左側に借方，右側に貸方と分けて書く勘定式ではなく，収益・費用の種類別に分けて表示する報告式で作成されることが多い。これは企業の経済活動ごとに損益を計算し表示することによって，当期の利益が企業のどの経済活動から発生しているのかを明らかにするためである（**図表５－２**参照）。

図表５－２　経済活動と収益費用の対応関係

<table>
<tr><th colspan="2">経済活動</th><th></th><th>費用</th><th>収益</th></tr>
<tr><td rowspan="3">当期の主な
営業活動</td><td>仕入・生産活動</td><td>→</td><td>売上原価</td><td rowspan="3">売上高</td></tr>
<tr><td>販売・回収活動</td><td rowspan="2">→</td><td rowspan="2">販売費及び
一般管理費</td></tr>
<tr><td>経営管理活動</td></tr>
<tr><td colspan="2">当期の金融活動
銀行からの資金の借入，社債発行
利子の支払い，余剰資金の貸付
証券投資，利子・配当の受取りなど</td><td>→</td><td>営業外費用</td><td>営業外収益</td></tr>
<tr><td colspan="2">その他の経済活動および事象
臨時の設備売却，自然災害の影響など</td><td>→</td><td>特別損失</td><td>特別利益</td></tr>
</table>

（出所）桜井（2023），図表12－3に加筆修正

図表５－３は報告式での損益計算書の雛形を示している。損益計算書は大きく３つの部分（営業損益計算，経常損益計算，純損益計算）で損益を表示する。各損益計算では営業利益，経常利益を順次算定していき，最終的な損益である当期純利益を計算する仕組みになっている。

図表5－3　損益計算書の例

損益計算書（報告式）

売上高	140	＋	営業損益計算・経常損益計算・純損益計算
売上原価	70	－	
販売費および一般管理費	50	－	
営業利益	20		
営業外収益	6	＋	経常損益計算・純損益計算
営業外費用	1	－	
経常利益	25		
特別利益	2	＋	純損益計算
特別損失	5	－	
当期純利益	22		

①　営業損益計算

企業の主たる営業活動からの利益（営業利益）がどのように生み出されているかが示されている。ここでは顧客に対する売上高140から売上を得るのにかかった売上原価70（商品・製品の仕入・生産活動に要した原価（例：商品の仕入代金，製造原価）），販売費および一般管理費50（販売・代金回収活動と経営管理活動にともなう費用（例：販売手数料，荷造費，運搬費，広告宣伝費，研究開発費，販売・代金回収・経営管理活動に従事する人の人件費など）を差し引くことによって営業活動からの利益である営業利益20が計算できる。

②　経常損益計算

営業活動以外の企業の正常な経済活動から規則的に繰り返して発生する利益（経常利益）が算出される。経常利益は企業が毎年どれくらい稼げるかを示す重要な尺度となる。損益計算書では，先に計算された営業利益20に，営業外収益６（たとえば金融活動から生じた収益（例：受取利息，受取配当金））を加え，営業外費用１（たとえば金融活動にともなう費用（例：支払利息，株式交付費など））を引くことによって経常利益25を計算することができる。

③　純損益計算

当会計期間における企業活動の結果獲得した最終的な利益（当期純利益）を

表している。当期純利益は，経常利益25に特別利益２（その他の経済活動および事象からの利益（例：土地売却益））を加え，特別損失５（その他の経済活動および事象からの損失（例：土地・株式の売却損，災害などで臨時に発生した損失など））を引くことによって計算される。

❷―企業が支払う税金

（１）税金の種類

実際に損益計算書をみると，一度，税引前当期純利益として利益計算がなされたあと税金の額が引かれて最終的に当期純利益となっていることがわかる。税金の額は決して少ないわけではなく，企業活動を行ううえで必要なコストと考えられる。

税金は，国や地方公共団体が，公共財や公共サービスの経費として，法令の定めに基づいて国民や住民に負担を求める金銭のことである。税金にはさまざまなものがあり，いくつかの視点から分類することができる。**図表５－４**は，どこが税金を課税し徴収するかという課税主体（国，地方），どのような経済活動に課税するのかという観点（所得課税・消費課税・資産課税等）から，日本における税の種類をまとめたものである。

会社の事業によって支払う税金の種類は異なるが，代表的なものとして，法人税（国税），法人住民税（地方税），法人事業税（地方税）があり，これら税金は，企業活動によって生じた所得に対して課されている。この所得の計算には次節で述べるように会計の利益計算がベースとなっている。

（２）税額の計算

企業の利益が国から与えられた便益（国が整備した法制度やインフラなど）を用いて得られたものであるといった点や多くの利益があれば税金を支払うことができるといった点などを考えると，利益額に応じて税額を決定することには一定の合理性があると考えられる。

図表5－4　税金の種類

	国税	地方税		国税	地方税
所得課税	所得税 法人税 地方法人税 特別法人事業税 森林環境税 復興特別所得税	住民税 事業税	消費課税	消費税 酒税 たばこ税 たばこ特別税 揮発油税 地方揮発油税 石油ガス税 航空機燃料税 石油石炭税 電源開発促進税 自動車重量税 国際観光旅客税 関税 とん税 特別とん税	地方消費税 地方たばこ税 ゴルフ場利用税 軽油引取税 自動車税（環境性能割・種別割） 軽自動車税（環境性能割・種別割） 鉱区税 狩猟税 鉱産税 入湯税
資産課税等	相続税・贈与税 登録免許税 印紙税	不動産取得税 固定資産税 特別土地保有税 法定外普通税 事業所税 都市計画税 水利地益税 共同施設税 宅地開発税 国民健康保険税 法定外目的税			

（出所）財務省HP「税の種類に関する資料」より

企業会計においては，収益から費用を差し引いて利益が計算されるが，これに代わって税金の計算では益金から損金を差し引くことによって課税所得が計算され，それに法定の税率をかけた金額が税金の額となる。利益と益金，費用と損金の範囲はそれぞれ基本的に同じものであるが，ずれが生じている部分もある。これは，企業会計の利益計算と税金の計算では目的に違いがあり，その取扱いが異なる部分が存在するためである。

たとえば，他企業から受け取った配当金については，会計上は収益（受取配当金）として計上されるが，税金の計算においては益金に算入されない。これは，配当を支払った企業と配当を受け取る企業から重複して税金をとる二重課税を避けるためである。また，得意先，仕入先など関係のある企業に対して，取引を円滑にして事業を運営していくうえで必要となる懇親を図る目的で接待や物品の贈答などを行った場合，企業会計上，これを交際費として計上することができる。一方，税法では企業の無駄な経費を削減し，適正な商取引を促進する目的から，原則として交際費を損金とすることはできず，一定の要件を満たした場合に限り決められた額までを損金に算入することができる。

Column⑩　国税専門官

国税専門官は，全国の国税局や税務署で税のスペシャリストとして，以下の業務を行う（国税庁HPより）。そのため採用試験では法律，経済，会計等の多岐にわたる専門知識が問われ，また採用後にも研修を受け業務を適正に行うための専門性を高めていくことが求められる。

①　国税調査

納税者から提出された確定申告書等について，適正な申告が行われたかどうかの調査や検査を行うとともに，申告に関する指導などを行う。

②　国税徴収

定められた納付期限までに納められない税金の督促や滞納処分を行って，税金を徴収するとともに，納税に関する指導などを行う。

③　国税査察

裁判官から許可状を得て，悪質な脱税者に対して捜索や差押えなどの強制調査を行い，刑事罰を求めるため検察官に告発する。

❸―利益はどう使う？

企業が獲得した利益の使い途はいくつかある。１つ目は，資金を提供してくれた株主への見返りである配当を支払うことである。配当は，株主総会の決議を経て，その金額が決定される（第３章参照）。当期純利益は営業活動に必要な支払いを済ませた後の利益であり，株主が受け取ることのできる配当の主たる源泉となる。

ただし株主に多額の配当を支払い，企業の財産がなくなってしまうと困るので，配当などによって利益が社外に流出する際には，その一定額を企業内に残しておくことが会社法によって定められている。

もう1つは，企業内に積立を行うことである。たとえば，新しい社屋の建設に備えてその金額を積み立てる新築積立金や株主の安定配当の要求に応えるための配当平均積立金，目的を特定しないで利益を留保する別途積立金などがある。

❹—貸借対照表と損益計算書の関係

第4章と第5章とで，資産・負債・純資産をまとめた貸借対照表と収益・費用をまとめた損益計算書を別々に説明してきたが，両者は密接に関連するものである。両者の関連は，営業活動の時間軸にそって考えてみるとわかりやすい。**図表5－5**の例をもとに両者の関係をみてみよう。

図表5－5 貸借対照表と損益計算書の関係

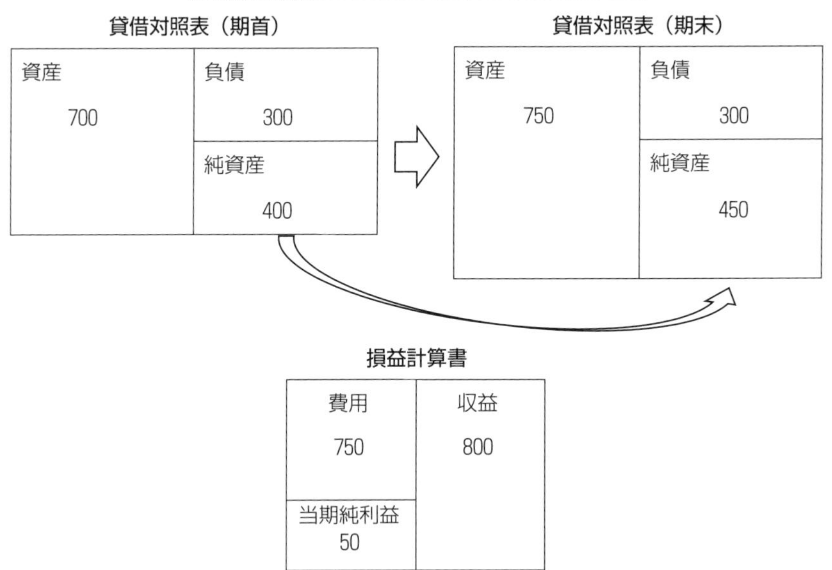

まず貸借対照表が時点の情報（一時点の財政状態），損益計算書が期間の情報（一期間の経営成績）を扱っていることに注意が必要である。

図表5－5のように，期首の純資産の額400は，当期の営業活動によって発

生した収益と費用の差として計算される利益の分50だけ増え，期末の純資産の額450となる。貸借対照表と損益計算書をあわせて検討することによって，より多面的に企業活動の様子を捕捉することが可能となる。

❺―キャッシュフロー計算書

（１）キャッシュフロー計算書の仕組み

第１章を読んだ方は，最終的な決済手段として現金が用いられるという内容が書いてあったのを記憶しているかもしれない。企業経営において，決済という局面ではお金の有る無しが重要な意味をもつ。

黒字倒産という言葉があるが，これは利益が出ているにもかかわらず，倒産に追い込まれてしまったという場合に使う。損益計算書から，しっかり利益があがっていることがわかっていても，安心はできない。なぜなら，利益＝現金ではないからである。たとえば，掛売りでも，現金販売でも計上される利益額は同じであるが，企業に入る現金の額はもちろん異なる。そのため，現金の現在有高と前期からの増減を把握しておく必要性があり，この目的のために作成されるのがキャッシュフロー計算書である。よく収入，支出という言葉を使うが，収入とは現金が入ってくること（キャッシュインフロー）をいい，支出とは現金が出ていくこと（キャッシュアウトフロー）をいう。

キャッシュフロー計算書（cash flow statement，C/Fと略される）は，期首から期末にかけての資金残高の変化を表示する書類である。ここで資金とは，現金及び現金同等物のことを指し，現金，預金だけでなく，容易に換金することができ価値の変動について僅少なリスクしか負わない短期投資を含んでいる。株式は比較的簡単に現金化することができるが，価格の変動が大きいためこれには含まれない。

図表５－６はキャッシュフロー計算書の概要を示している。数値例をもとに説明すると，計算書では，期首170から期末220にかけての資金の増減（ここでは50の増加）を，営業・投資・財務の３つの企業活動ごとに示している。

まず，営業活動は企業が主として営む事業に関する活動であり，そこからの

キャッシュフローの代表は売上の代金回収部分であり，通常はプラスの値（ここでは60）となる。

図表５－６　キャッシュフロー計算書（概要）

営業活動によるキャッシュフロー	60
投資活動によるキャッシュフロー	△30
財務活動によるキャッシュフロー	20
現金および現金同等物の期首残高	170
現金および現金同等物の期末残高	220

50の増加

投資活動は，設備投資，証券投資（株式や社債（第９章参照）などの有価証券の取得・売却など），融資（新規の貸付，貸付金の回収など）の３つから構成されている。設備投資はとくに製造業を営む企業にとって重要であり，新規設備購入のための支出，中古設備の売却による収入がある。これは企業活動を行ううえで必要な支出であり基本的にはマイナス（ここではΔ30）となる。

財務活動は資金の調達に関する活動であり，具体的な資金調達方法には借入金，社債，株式があり，これらを新規に行った場合には収入となり，返済を行った場合には支出となる。財務活動によるキャッシュフローについては，資金調達活動によってプラスになったり，マイナスになったりする（ここでは20)。

（２）キャッシュフロー計算書からわかること

営業活動によるキャッシュフローからは，企業の本業である営業活動からの現金創出能力を知ることができる。プラスとなっているのが普通であり，これが連続してマイナスの期間が続けばその後の資金繰りが困難となっていく。

営業活動によるキャッシュフローから投資活動によるキャッシュフローを引くことによって，企業が獲得した売上収入から，材料費，人件費，税金や設備投資など必要な支出を支払った後に，自由に使える額であるフリーキャッシュフローを計算することができる。ファイナンスの分野では，キャッシュをもとに考えることが多く（第２章参照），このフリーキャッシュフローの額をもとに投資の意思決定を行うこともある。

Column⑪　税理士

税理士は，「税務に関する専門家として，独立した公正な立場において，申告納税制度の理念にそって，納税義務者の信頼にこたえ，租税に関する法令に規定された納税義務の適正な実現を図ることを使命とする」（税理士法第１条）とされる。代表的な業務内容には以下の３つがある（日本税理士会連合会HPより）。

①　税務代理

顧客の代理として，確定申告，青色申告の承認申請，税務調査の立会い，税務署の更正・決定に不服がある場合の申立てなどを行う。

②　税務書類の作成

顧客に代わって，確定申告書，相続税申告書，青色申告承認申請書，その他税務署などに提出する書類を作成する。

③　税務相談

税金のことで困ったとき，わからないときに相談に応じる。会計参与（株式会社の役員）として，取締役と共同して，計算関係書類を作成することもある。

税理士は国家資格であり，資格の取得には複数の方法がある。税理士試験に合格するほか，弁護士となるための司法試験，公認会計士となるための公認会計士試験に合格する方法が挙げられる（弁護士と公認会計士は税理士法上，税理士になれるため）。また，大学院で指定の課程を修了する，税務署で国税業務に長年従事するなど，一定の条件を満たすことで試験科目の一部が免除される制度がある。

●参考文献

桜井久勝．2023．『財務会計講義（第24版）』中央経済社．

谷武幸・桜井久勝・北川教央編著．2021．『１からの会計（第２版）』碩学舎．

渡部裕亘・片山覚・北村敬子編著．2023．『検定簿記講義３級商業簿記』中央経済社．

渡部裕亘・片山覚・北村敬子編著．2023．『検定簿記講義２級商業簿記』中央経済社．

第 6 章

企業の意思決定と会計：財務会計と管理会計

Story❻　エスプレッソマシンの値段

今のところコーヒーは挽いた豆をペーパーフィルターに入れ，そこにお湯を注いでいる。今後はメニューの幅を拡げるためにエスプレッソも提供できるようにしたい。その準備のため調理器具を扱う専門店に，いろいろなエスプレッソマシンを見に行った。たくさんのマシンがあるが，どれも販売価格は結構高い。さまざまな部品から構成されており製造するのは大変そうだが，実際につくるのにかかった金額はいくらだろうか？

❶—商業簿記と工業簿記

サービス業としてのカフェスタンドの営業循環は，**図表６－１**のように仕入，販売，代金の回収の繰り返しとなる。一方，エスプレッソマシンのように何かを製造することを主たる業務としている企業は製造業とよばれ，材料を仕入れ，それを使っての生産活動を経て，販売活動を行い，代金を回収するというステップをふむ。両者の違いは営業循環のなかに製造プロセスがあるかないかにある。そのため製造業の営業循環を会計の点から適切に捉えようとするならば，仕入活動，販売活動，代金の回収のときだけでなく，生産活動にどれだけの金額がかかったかを計算する必要がある。

簿記とは，企業が営む経済活動を計数的に記録・計算・整理するための手段であることは第４章で述べたとおりである。この簿記の方法（基本的には複式簿記）を用いて，仕入活動，販売活動，代金の回収といった非製造業（サービス業）の営業循環を取り扱うのが商業簿記であり，仕入，販売，代金の回収に生産活動を加えた製造業の営業循環を取り扱うのが工業簿記である。

図表6－1　非製造業と製造業の営業循環

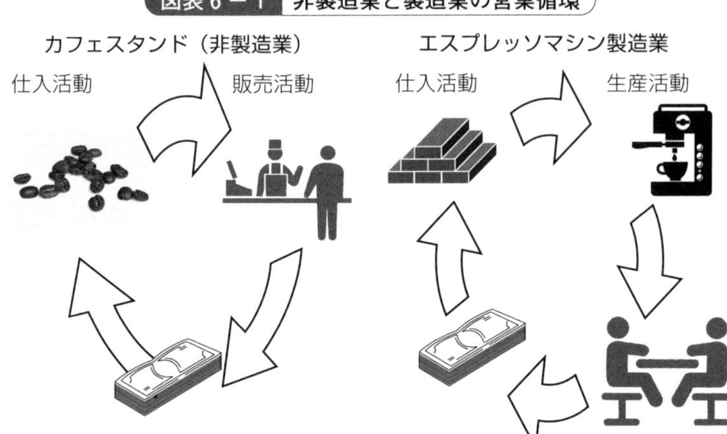

Column⓬　業種分類

企業が営む事業内容をもとにした分類のことを業種分類という。公的統計の作成や提供に関する基本事項を定めた統計法において，国際標準産業分類に準じた日本標準産業分類が示されており，政府などが発表する各種統計調査には原則としてこの分類が用いられている。

一般に用いられている業種分類にも，日本標準産業分類をもとにしたものが多い。たとえば証券取引所に上場している企業には，4桁の番号（証券コード）が振られているが，2000番台は食料品というようにおおよそ業種ごとに番号の割り当てが行われている。そのときの業種分類は**図表6－2**のとおりであり，日本標準産業分類をもとにしている。証券取引の現場では，取引に際して企業名だけでなく，この証券コードが用いられることが多い。近年では，企業数の増加でコード番号が不足しており，2024年1月以降，新規上場企業のコード末尾にアルファベットを入れることが決定している。

企業を分析するに際しては，同じ事業内容の企業（同業他社）との比較が役に立つことが多く，業種分類がその参考となる。ただし，近年では企業の事業内容の多角化が進み,「この企業の業種は○○だ」と断言するのが難しい事例も多くなってきている。

図表6－2　証券コード協議会における業種分類（網掛け部分は製造業）

水産・農林業	鉄鋼	空運業
鉱業	非鉄金属	倉庫・運輸関連業
建設業	金属製品	情報・通信業
食料品	機械	卸売業
繊維製品	電気機器	小売業
パルプ・紙	輸送用機器	銀行業
化学	精密機器	証券，商品先物取引業
医薬品	その他製品	保険業
石油・石炭製品	電気・ガス業	その他金融業
ゴム製品	陸運業	不動産業
ガラス・土石製品	海運業	サービス業

（出所）日本証券コード協議会「業種別分類項目及び業種コード」をもとに作成

❷―原価計算

（1）原価計算の目的

工業簿記を行うためには，生産活動において製品の製造を行うために用いられる経済的資源（たとえば，原材料，労働力，機械設備など）の額である原価を適切に測定しなければならない。先のエスプレッソマシンの製造においては，鉄やプラスチックなどの原材料，それを加工したり組付けたりするための機械設備そしてそれらの作業をする従業員（労働力）が必要となる。しかし，同じ企業内で，たとえば保有する原材料はエスプレッソマシンの製造だけに用いられるとは限らないし，原材料のすべてを当期の製造に使用するとは限らない。同様のことはその他の原価項目についても当てはまり，エスプレッソマシン1台の製造にかかった原価を計算しようとすると何かしらの工夫が必要となることがわかる。その工夫をまとめた手続きが原価計算である。

計算された原価情報は，①財務諸表の作成，②価格計算，③原価管理，④予算編成および予算統制，⑤経営の基本計画の設定といったさまざまな目的に用いられる。このことは1962年に大蔵省企業会計審議会が公表した「原価計算基準」に書かれている。同基準には具体的な計算手続きについても述べられており，今日に至るまで原価計算に関する実践規範となっているが，今日の企業の経営実態にそぐわない箇所も出てきている。①は貸借対照表，損益計算書といった財務諸表を作成するにあたって，製造原価に関連する各項目（売上原価，棚卸資産）が必要となり，そこに原価計算が用いられることを示している。②の価格計算は，製造にかかったコストに一定の利益を乗せることで価格を決定することを指す。ただし，同基準のいう価格計算は政府や公企業等への納入価格の決定を想定しており，一般企業が行う価格決定とは異なることに注意が必要である。③は経営管理者に対し原価管理に必要な原価資料を提供することである。ここでの原価管理とは，後述する標準原価計算に基づくものに限定されている。つまり目標となるように設定された原価標準と実際に発生した原価を比較，分析し，管理者による改善を行うといった一連の活動のことを意味している。④は予算編成と予算統制のために必要な原価資料を提供することである。予算とは，予算期間における各業務分野の計画を貨幣数値により表示して，これを総合編成したものである（原価計算基準一（四））。これにより，各業務分野に予算期間における企業の利益目標を指示することによって，諸活動を調整し，企業全体の総合的管理を行うことができる。⑤の基本計画は，経済の変化に対応して「製品，経営立地，生産設備等経営構造に関する基本的事項について，経営意思を決定し，経営構造を合理的に組成すること」（原価計算基準一（五））であり，ここでの原価計算の目的は経営の基本計画の設定にあたって必要な原価情報を提供することである。

（2）実際原価計算

原価の計算は，いくつかの種類に分類された原価について，製品ごとに使用したと考えられる額を割り当てることによって行われる。

原価の分類方法にはさまざまあるが，材料費，労務費，経費という形態別分類が代表的なものである。まず材料費とは，材料や物品を消費することによって発生した原価である。また労務費は，労働力の消費によって発生した製造原価であり，給料や従業員賞与，社会保険料（健康保険料，雇用保険料など）の会社負担額である法定福利費などが含まれる。経費とは，材料費と労務費以外のすべての原価を指す。たとえば，材料などの加工や組み立てを外部の業者に委託した場合の外注加工賃，工場の減価償却費，水道料，通信費などがある。

また製品別にその費用がどのくらい消費されたかが明確にわかる場合は直接費，わからない場合は間接費とするのも一般的な分類方法であり，先の形態別分類と組み合わせて原価計算に用いられることが多い。たとえば労務費は直接労務費と間接労務費とに分類される。工員は携わる仕事によって，製品の製造加工作業に直接従事する直接工とそれ以外の仕事（たとえば工場全体の機械のメンテナンス）を行う間接工とに分けられ，前者が直接作業に従事したときの賃金が直接労務費となり，後者の賃金は間接労務費となる。直接費は1つの製品を作るのにどれくらい消費されたかが明確であるが，間接費についてはいったん集計しておき，作業時間などによって割り当てる（配賦する）ことが必要となる。

図表6－3は原価計算の一連の流れを示したものである。原価計算では，発生した原価をその使用量・時間などに基づいて割り当て，製品別の原価を計算する。材料費，労務費，経費を用いて生産活動を行った場合，まずは加工途中の未完成品である仕掛品ができあがる。そこからさらに加工を進めると完成品である製品となる。なお，仕掛品と同様に未完成なものとして半製品がある。両者の違いは，仕掛品はそのままでは外部に販売することができないものであるのに対して，半製品は販売できるという点にある。

図表6－3　原価計算の流れ

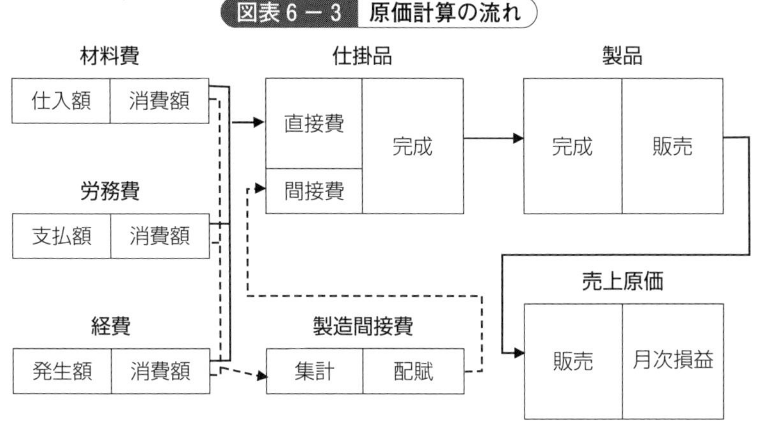

材料費，労務費，経費のうち当期の消費額が仕掛品となっていく。このとき，各費用の消費額が直接費（実線）と間接費（点線）という2つに分かれて仕掛品に向かっていることがわかる。労務費を例にとれば，ある製品の製造の仕事のみに従事している従業員の給料は，当該製品の原価を構成していると考えられるが，工場全体の事務作業を行う従業員の給料がどの製品の原価を構成するかは判断が難しい。そのため事務作業員の給料は間接費とし，作業量や時間などを基準として製品ごとに割当て（配賦）を行う。仕掛品のうち製品の製造に用いられたものは，仕掛品から製品へと振り替えられ（図にはないが仕掛品から半製品が作られた場合は，仕掛品から半製品への振替え），さらに製品のうち販売されたものは売上原価勘定へと振り替えられる。

上記のような流れにしたがって，実際に生産で使用した部品・材料などの数量・単価，費やした作業時間などをもとに原価を計算する方法を実際原価計算という。

（3）標準原価計算

実際原価計算は手続きが直感的に理解しやすいものの，原価計算に必要な情報が出そろうタイミング，つまり生産が実際に終了するまで計算を行うことができず，原価を知るのに時間がかかるという短所がある。また，経営管理活動には，実際の原価がいくらであったかだけでなく，どれぐらいであるべきかという情報も必要となるが，この情報については実際原価計算では得ることができない。

これら短所を克服するために用いられるのが標準原価計算という手法である。標準原価計算は，実際に原価が発生する前に，目標値である標準原価を計算しておき，後に実際に発生した実際原価と比較する観点を加えたうえで原価の計算を行う。これにより，原価管理や原価低減を考えるうえで重要な情報を得ることができる。具体的には，以下のようなプロセスを経る。

① 目標とするべき製品単位当たりの原価である原価標準を設定し，それをもとに標準原価を導き出す。
② 実際消費量，実際作業時間などをもとに実際原価を計算する。

③　標準原価と実際原価の差異である標準原価差異を直接材料費，直接労務費，製造間接費について計算する。そして，それら差異がどのような原因で発生したのかを分析する。
④　差異の発生原因が異常なものは売上原価には組み入れられず，正常なもの（通常の営業活動を行っていれば必然的に発生する原価）は売上原価として会計処理する。

このように実際値による計算（実際原価計算）だけでなく，目標値もとり入れて管理を行おうとする試みが標準原価計算であり，目標値を用いることによって実際に原価が発生するのを待たずに計算を開始することができる。

ここで説明したように，工業簿記に組み込まれ，複式簿記の手法に基づいて，製品原価を分類・測定・集計・分析して報告する手続きを原価計算とよぶが，今日では，製品やサービスの原価を計算するための方法一般を指す場合も多い。実務においては，工業簿記に基づかない原価計算が行われていることも多々ある。また，企業によって採用される製造方法や計算の目的は異なっているのが普通であり，それにしたがって利用される原価計算の手法も違ったものとなる。これらまで含めて原価計算を捉えた場合，その内容は次に述べる管理会計と重なる。

❸―管理会計

（1）管理会計の目的

経営管理者の意思決定や組織内部の業績測定・業績評価に役立てることを目的として行われる会計のことを管理会計という。企業の状況によって用いられる手法は異なるが，原価管理（costing）や予算管理（budgeting）に関連する技法が伝統的なものであり，これ以外に新たな技法も開発されている。

原価管理では，原材料費・人件費・設備費といった原価をあらかじめ把握し，コストを目に見える形にしたうえで管理を行う。前節でもとり上げたように，１つの商品を作るのにいくら原価をかけるのか，目標となる標準値を設定し，その後に実際にかかった原価と目標の差を把握し，検討のうえで適正な原価を探る。このような原価計算の手続きは，財務諸表において企業が保有する棚卸資産（原材料，仕掛品，半製品，製品）や売上原価の算定にも利用される点で，次節で紹介する財務会計とも関係している。

予算管理とは，企業の計画に対して必要な金額を見積もる予算を通して，企業行動をコントロールしようとするものである。

予算は，計画を明確にするとともに，管理者に対する統制，部門間の調整という役割を果たしている（浅田ほか，2017）。予算による統制とは，予算と実績との比較により差異を出し，予算管理の業績評価を行うことによって，問題解決の是正行動をとることを意味する。各部門の予算案を調整し，予算を編成していくプロセスにおいて，経営方針や環境に対して影響を及ぼすこともある。

（２）CVP分析

管理会計には多くの手法が存在するが，そのうちの１つである原価，営業量と利益の関係に着目したCVP分析（cost-volume-profit analysis）をみてみよう。CVP分析では営業量（機械を操作するといった仕事の量）の変化によって，原価や利益がどのように発生するのかを確認し，利益が出るにはどれくらいの原価や営業量が必要となるのかを検討する際に用いることができる。

分析は，原価を固定費と変動費へと分解して捉えることから始まる。原価にはさまざまな分類方法があることを先にふれたが，営業量に応じて増加する費用である変動費，営業量とは関係なく一定額が発生する費用である固定費の２つに分けることもできる。変動費と固定費をみることによって，営業量に応じてどれだけの総費用（＝変動費＋固定費）が発生するのかを知ることができる。

移動式のスタンドではなく，店舗においてカフェを経営した場合を考えてみよう。多くのお客さんにコーヒーを出すほどコーヒー豆の原価（原材料費）がかかり，これが変動費となる。一方，まったくお客さんが来ずコーヒーを出さなかったとしても店舗の家賃は払う必要があり，これが固定費となる。もちろんこの場合に原材料費はかからない。**図表６－４**のように，原価は変動費と固定費を合わせたものとして理解することができ，両者の合計として描かれる線は総費用（総原価）線とよばれる。

図表6－4　費用の発生の様子

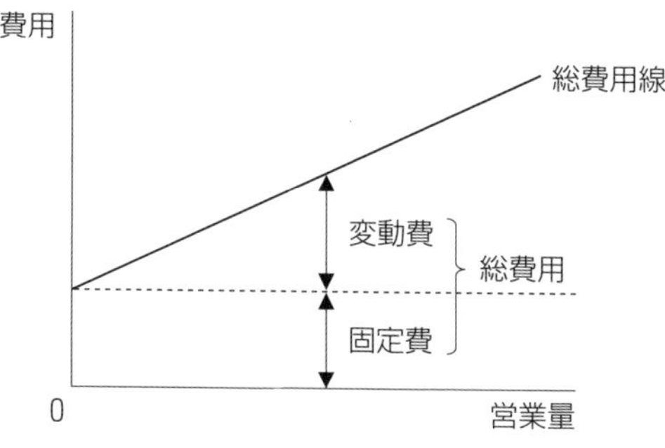

売上高から総費用を引いたものが利益となるから，どれぐらいの営業量があれば利益が出るかを考えるには，図表に比較対象となる売上高の線を加えると便利である。営業量は売上高によって測ることができると考え，営業量を表す売上高を横軸に，売上高を縦軸にとると**図表6－5**となる。営業量がゼロのときは売上もゼロであり，総費用は固定費分だけとなると考えられ，このとき企業は損失を出すことになる。一方，営業量が100のときは総費用を上回る売上があるため利益が出ている状態といえる。その間には売上＝費用となる点があり，これは損益分岐点とよばれる。図表6－5からも明らかなように，損益分岐点がある位置の営業量を下回るとき損失が発生し，上回るとき利益が発生する。つまり売上高線と総費用線に挟まれた部分が損失または利益の大きさを示すことになり，CVP分析によって，自社の計画に合わせて最適な営業量を検討することができる。

図表6－5　費用の発生と売上高の様子

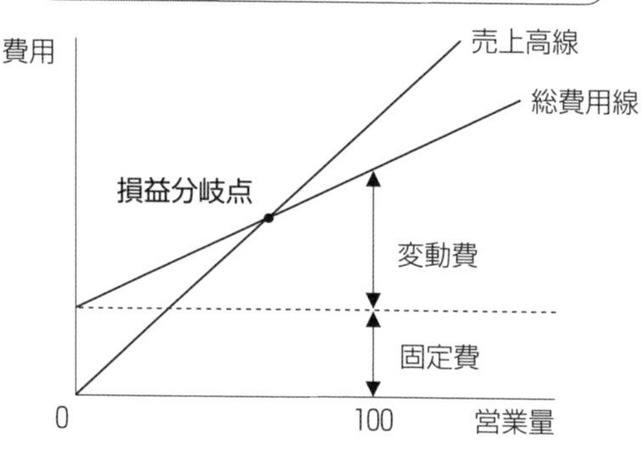

❹―管理会計と財務会計

企業についての会計は，誰に対しての情報を作成しているのかによって，管理会計と財務会計とに分けられる。

本章の内容は基本的に管理会計であり，企業内部の経営者や経営管理者を報告対象として行われる会計である。そのため，作成される情報は，企業内部での利用目的に合わせればよく，社内においてさまざまな手法を独自に開発し用いることができる。つまりデータの種類・形式，報告時の記載方法などについて従うべき厳格なルールがあるわけではなく，また報告対象期間についても週単位，月単位，年単位と会社ごとに運用しやすいものを用いればよい。近年の情報技術の進展をみれば，タイムリーに情報を入手することも可能となる。

一方，財務会計（第4章，第5章の内容）は，企業外部の利害関係者（資金提供者，取引先など）を報告対象として行う会計である。外部の情報利用者は，企業内部の様子について知ることができないのが普通であり，企業の状況がどうなっているのかについての情報を必要としている。またそれら情報を他企業あるいは他期間と比較検討したいという要望ももっている。そのため，財務会計において扱われる情報は，法律や慣行などによって決められた会計情報の作成・公表のルールに従って作成されている。

これらのルールは「一般に（公正妥当と）認められた会計原則」（GAAP：Generally Accepted Accounting Principles）とよばれる。日本では，1949年に大蔵省（現在の金融庁）の企業会計審議会によってそれまでの会計慣行などを取り込んで「企業会計原則」が制定されて以来，必要に応じて会計基準の改訂，追加が企業会計審議会を中心に行われてきた。近年では，世界的に採用が進む国際会計基準との違いを調整するために会計基準の改定，追加が行われることが多い。2001年からは民間団体である企業会計基準委員会（ASBJ：Accounting Standards Board of Japan）が「企業会計基準第○号」というかたちで基準を公表し，今まであった基準と徐々に置き換えられてきている。

Column⑬　会計の種類

会計は組織の目的に応じて，利潤を追求する営利組織を対象とした企業会計とそうではない組織を対象とした非営利会計とに分けることができる。本書で扱っている会計は基本的に企業会計である。一方，非営利組織には国や地方自治体の行政機関および学校法人，宗教法人，NPO法人などが含まれる。これら組織は利潤追求を目的としないが，国から補助金や税制面での優遇を受けていることが多く，その運営に際して財務報告が求められることが多い。近年は，これらの会計にも企業会計と同様の考え方に基づく会計処理を導入する機運が高まってきている。

図表６－６　会計の分類

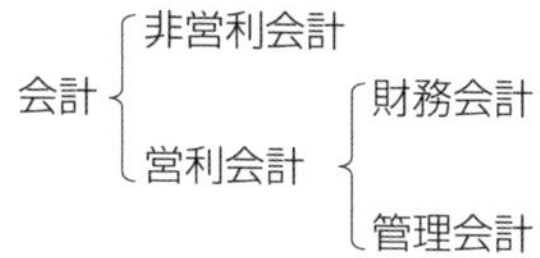

●参考文献

浅田孝幸・頼誠・鈴木研一・中川 優・佐々木郁子. 2017.『管理会計・入門―戦略経営のためのマネジリアル・アカウンティング（第４版）』有斐閣.

岡本清・廣本敏郎編著. 2023.『検定簿記講義２級工業簿記』中央経済社.

加登豊編. 2008.『インサイト管理会計』中央経済社.

加登豊編. 2008.『インサイト原価計算』中央経済社.

谷武幸・桜井久勝・北川教央編著. 2021.『１からの会計（第２版）』碩学舎.

山本浩二・小倉昇・尾畑裕・小菅正伸・中村博之編著. 2015.『スタンダードテキスト管理会計論（第２版）』中央経済社.

第 7 章

企業の直面するリスク：リスクとリターン

Story❼　カフェスタンド経営のリスク

調達した資金で，カフェスタンドの営業に必要な器具も用意でき，コーヒー豆も仕入れた。しかし，営業を始めるには，いろいろな心配事もある。たとえば，スタンドや器具が火災や地震で壊れたら…，コーヒー豆の価格が高騰したら…，顧客が熱いコーヒーで火傷したら…。なにより，自分自身が病気やケガで働けなくなったら…。

事業経営には，さまざまなリスクが伴う。リスクに適切に対処するためには，あらかじめどのような種類のリスクにさらされており，各リスクがどのような性質のものなのかを理解しておかなければならない。

❶―リスクとは

（1）企業にとってのリスク

リスクという言葉は，日常でもしばしば使われている。個人生活においては，傷害を負ったり，疾病にかかったりすることは，決してまれではないリスクだといえる。地震や台風，洪水などの自然災害も，重大なリスクと捉えられる。また，就労者にとっては予期せず失業することもリスクであるといえる。このような個人にとって不都合な事態の原因となる事象を，しばしばリスクとよんでいるが，共通して個人の効用，すなわち満足度または幸福度が低下することにかかわっている。効用を低下させる原因には，財産の減少はもちろん，健康状態の低下や社会的関係性や役割の変化など，多様な事象が含まれ，各個人によりさまざまであり，計測可能なものもあれば，主観的なものもあり，一貫して捉えることは容易ではない。

いっぽう企業や組織（以下，企業という）にとってのリスクには，どのようなものがあるだろうか。たとえば，**図表７－１**のような事象が，企業に不利益をもたらすリスクとして挙げられる。

図表７－１　企業の直面するさまざまなリスク

○火災・災害による工場・店舗などの財物損失 ○従業員の傷害・疾病 ○生産物賠償責任の負担
○原材料価格の変動 ○製品の販売価格の変動
○顧客からの売掛金の回収不能 ○取引保険会社の支払不能

これらのイベントが発生すると，企業はどのような不利益を被るだろうか。工場や店舗が火災や災害に遭い損壊すれば，修繕・建替えのための費用を負担しなければならず，従業員が傷害を負ったり，疾病にかかり休業すれば，その業務が滞らないために，追加的人員を確保しなければならない。また，原材料価格が高騰すれば，その供給者への支払金額が増加する。さらに，先に商品・サービスを納入した顧客の経営が傾けば，売掛金が回収不能となるかもしれない。このように，これらの事象により，企業は，損失の負担，収益の減少，支払金額の増加，あるいは資金受取の遅延というかたちで，将来キャッシュフローの減少に直面することになる。しかし，これだけだろうか。かりに原材料価格が下落すれば，供給者への支払金額は減少し，また，販売価格が上昇すれば，受取金額が増加するというように，場合によっては将来キャッシュフローが増加することもある。

（２）リスク・リターンから見た企業のリスク

このような将来キャッシュフローは，企業によるその事業への投資活動からのリターンとして捉えることができる。一般に投資活動からのリターンは，正の値となることが期待されるが，企業の将来キャッシュフローとしてのリターンは負の値にもなり，それは損失として捉えられる。リターンが減少したり，負の値となれば，その結果として企業価値が低下することになる。このように企業にとってのリスクは，予期しないリターンの減少として捉えることができる。

いっぽうで，原材料価格や製品の販売価格の変動については，どのように捉えられるだろうか。すでに触れたとおり，原材料価格の上昇は，キャッシュアウトフローの増加によりリターンを減少させる。いっぽう原材料価格が低下した場合は，その購入のためのキャッシュアウトフローは減少し，リターンは増加する。同様に，製品の販売価格の上昇はキャッシュインフローの増加に，その低下はキャッシュインフローの減少につながる。このような価格変動が予期せず起きたり，変動幅が拡大するような場合，企業は常に起こり得る最悪の事態に備えなければならない。このための追加的費用負担は，企業価値を引き下げる要因となる。このように，企業にとって，リターンの減少だけでなく，予期しないリターンの変動性の拡大も，重大なリスクであるといえる。

以上の分析から企業にとってのリスクの意味を整理すれば，**図表７－２**のとおりとなる。リスクは，１つには，将来キャッシュフローの予期しない減少，すなわち将来のキャッシュインフローとキャッシュアウトフローの差額であるリターンの減少を意味する。リスクのもう１つの意味は，将来キャッシュフローとしてのリターンの変動性の予期しない拡大である。そしてこれらは，いずれも企業価値の低下につながるものである。

図表７－２　リスクの２つの意味

リターンの低下	将来キャッシュフローの予期しない減少
リターンの変動性の拡大	将来キャッシュフローの変動性の予期しない拡大

❷—リスクの種類

企業の直面するリスクについて，図表７－１をもう一度見てみたい。ここに挙げられたさまざまなリスクは，すべて同じ性質を持つものだろうか。たとえば，生産物賠償責任（製造物責任ともいう）を負うこととなれば，被害者である顧客に損害賠償金を支払うことになる。つまり，このような事象が発生すれば，キャッシュアウトフローとして損失を被ることになる。いっぽう原材料価格の変動により，企業のキャッシュアウトフローは，増加することもあれば，減少することもある。売掛金が回収不能になれば，約定の代金を受け取れず，キャッシュインフローが減少する。このことからも，これらのリスクは，それぞれ異なる性質を持つことが推測される。このことを踏まえて，企業の直面するリスクを分類すれば，**図表7－3**のとおり，純粋リスク，価格リスク，そして信用リスクに分けられる。

図表7－3　リスクの種類

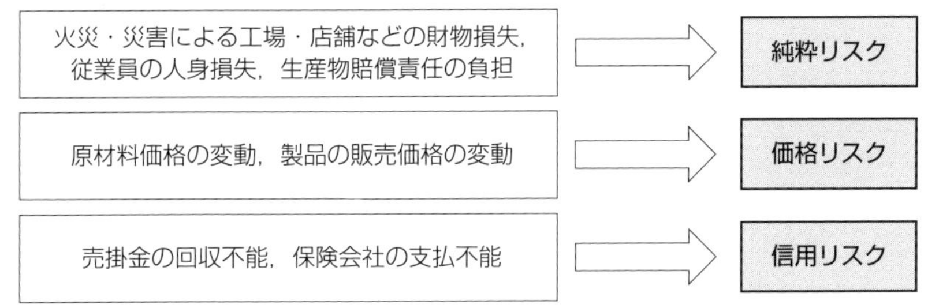

❸─純粋リスク

事象が発生することにより，企業が損失を被るようなリスクは，純粋リスクとよばれる。つまり，図表７－２のリスクの１つ目の意味であるリターンの予期しない減少をもたらすリスクである。純粋リスクは，**図表7－4**のように，被る損失の種類により，さらに人身損失リスク，財物損失リスク，そして賠償責任損失リスクの三者に分類される。

図表7－4　企業にとっての純粋リスク

	性　質	種　類	
純粋リスク	事故　⇒　損失	人身損失リスク	企業の人的資源に損失が生じるリスク
		財物損失リスク	企業が所有・管理・利用する財物資源に損失が生じるリスク
		賠償責任損失リスク	企業が直接・間接のステークホルダーに対して賠償責任を負うリスク

（１）人身損失リスク

企業が事業活動を行ううえで不可欠な経営資源が，人的資源である。経営者自身と従業員を含むあらゆる人的資源は，製造業，流通業や金融業，医療，教育はもちろん，情報・通信産業をはじめとする現代経済を支えるあらゆる産業にとって重要なものとなっている。しかし，人的資源もさまざまな原因で損なわれることがある。たとえば業務に関係して傷害を負ったり，疾病にかかったり，後遺障害が残ることもあるだろう。また，業務にかかわらず予期せぬ傷害や疾病などにより休業せざるを得ない場合もある。さらに死亡や老齢により退職することもある。

これらの事態となれば，企業は，雇用契約上の合意に基づく福利厚生の一環としても，また，公的医療保険や労働者災害補償保険，企業年金などの公的諸制度によっても，各種給付金や退職金の支払いなど，一定の保障または補償を提供しなければならない。これらは，人身損失エクスポージャからの直接損失である。しかも，**図表７－５**に示したように，直接損失の発生に起因して二次的に生じる間接損失の負担も忘れてはならない。従業員が休業または退職することで，事業中断または縮小をせざるを得なくなった場合には，得られたであろう利益を失うことになる。事業継続していれば得られたであろう利益は休業損失とよばれ，重大な間接損失となる。さらに，損失を被った人材が死亡や退職などにより恒久的に業務に復帰できなくなった場合には，同等の能力を持つ代替の人材を確保しなければならない。このためには，人材の募集や選考のための新規採用費用，そして採用後も教育・研修のための費用など，さまざまな費用負担が求められ，これらも人身損失リスクにかかわる間接損失である。

図表７－５　人身損失リスクの直接損失と間接損失

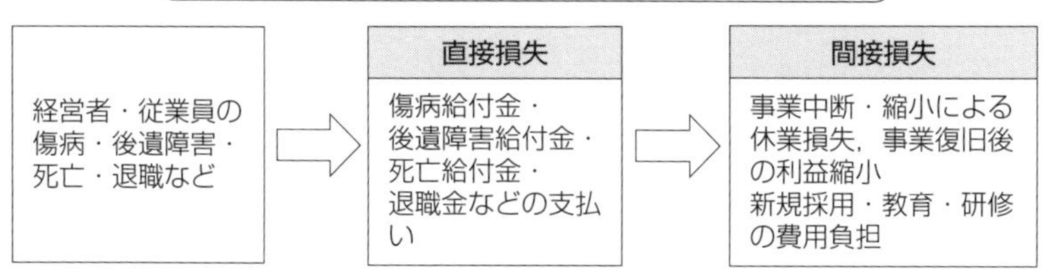

（2）財物損失リスク

企業にとって人的資源とともに重要な経営資源が，事務所，工場，倉庫，店舗などの財物資源である。多くの企業は，これらのさまざまな財物を利用して事業活動を行っている。これらの建物や収容物は，火災，洪水や暴風雨などの風水災，地震，さらには盗難や暴動，テロリズムなどによって破壊されたり，奪われたりすることもある。企業は，事業活動を再開するために，**図表7－6**のように，損失を被った建物や収容物を修理，修繕したり，買い換えなければならず，そのための費用は財物損失リスクにかかわる直接損失である。これらに加えて，事業復旧の間，本来であれば得られたであろう利益を失い，休業損失を被ることになる。また，代替の施設を確保するための賃貸料も発生するかもしれない。さらにこれらの費用が内部資金でまかなえない場合は，証券発行や資金借入などにより外部資金を調達する費用もある。そのうえで事業を復旧したとしても，休業期間が長期となれば顧客を失い，将来にわたって利益の縮小を経験することにもなりかねない。

図表7－6　財物損失リスクの直接損失と間接損失

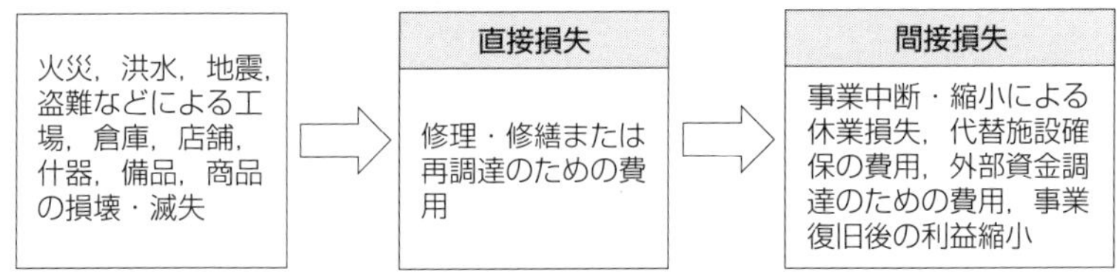

（3）賠償責任損失リスク

企業は事業を行ううえで，直接，間接の利害関係を持つ当事者，すなわちステークホルダーに対して，過失などにより損失を与えることがある。たとえば，従業員が，業務上の過失により顧客や原材料供給者に損失を与えた場合や，所有または使用する店舗や事務所，工場内においてこれらのステークホルダーが傷害を負った場合，企業は，かかった修理費や医療費などに相当する損害賠償金を支払わなければならない。

より重大な賠償責任損失リスクとしては，生産物賠償責任の負担が挙げられる。たとえば，家庭用電気機器を製造している企業は，製品の安全上の欠陥によって傷害を負った顧客に対して，生産物賠償責任としての損害賠償責任を負うことになる。企業は，自社の製品の安全性に関して情報優位にあるため，情報劣位にある顧客に対して，厳格責任に近い重い責任を負うことになる。その結果この企業は，顧客に対して賠償金を支払ったり，裁判に係る諸費用を含む争訟費用を負担しなければならない。これらの直接損失に加え，欠陥のある製品のリコールを行うための費用，さらに評判の低下による売上の減少，信頼の回復に向けての生産管理の改善や広報活動のための費用の負担など，多額の間接損失を被ることがあり得る。

また，株式会社形態をとっている企業の場合には，株主に対して同様に重い賠償責任である役員賠償責任ともよばれる経営者賠償責任を負うおそれがある。これは，経営者が適切な意思決定に基づいて経営行動をとらなかったり，株主の利益に反した行動をとったことにより株価が下落した場合に，経営者が株主に対して負う賠償責任であるが，とくに公開会社の場合には，資本規模も大きく，経営者賠償責任の負担によるキャッシュフローへの影響は甚大となる。

会計士事務所，税理士事務所，弁護士事務所，司法書士事務所，そして医療機関など，専門職業人の専門的知識・技能に大きく依存する企業の場合には，業務上の過誤により顧客に損失を与える事態にもなり得る。その結果，重い賠償責任である専門職業人賠償責任を負うことになる。

これらのほかにも，企業がその事業活動を通じて，騒音，大気汚染，水質汚濁，土壌汚染や景観の悪化などを引き起こし，地域社会が損失を被ることもあり得る。このような場合にも，事態を管理可能な企業は，やはり重い環境汚染賠償責任を負うことになる。

以上のような賠償責任の負担による費用を賄うために，内部資金が不足することとなれば，追加的費用を負担して外部資金を調達することが必要となるかもしれない。また，信頼回復のための業務改善や広報活動などの費用も，長期にわたって負担していかなければならない。これらの賠償責任損失リスクの，直接損失と間接損失の関係を示せば，**図表７－７**のとおりとなる。

図表７－７　賠償責任損失リスクの直接損失と間接損失

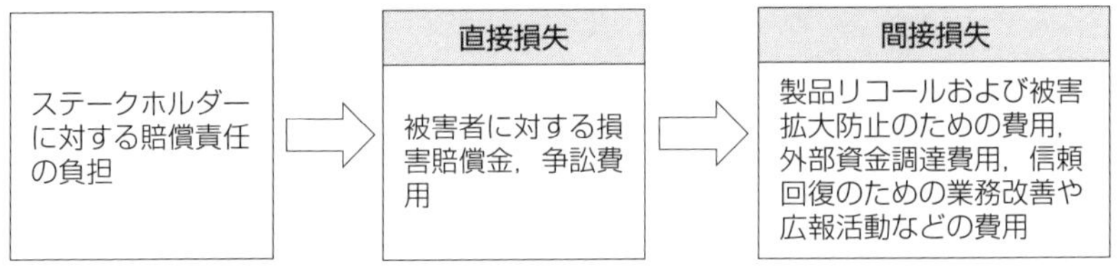

❹―価格リスク

リスクの２つ目の意味であった，将来キャッシュフローとしてのリターンの予期しない変動性の拡大は，主に商品価格，為替レートおよび金利の変動に伴うものであり，これらは価格リスクとよばれ，さらに商品価格リスク，為替リスク，そして金利リスクに分類される。

（1）商品価格リスク

企業は，従業員などの人的資源，生産設備や原材料などの物的資源，情報などの資源を投入して，商品やサービスを産出している。これらの投入物や産出物の価格は常に一定ではなく，日々変動するものである。このため企業は，支払う投入価格と，受け取る産出価格の変動に常に直面しており，このことによりキャッシュフローが予期せず変動するリスクが，商品価格リスクである。たとえば，電力会社にとっては，石油や天然ガス，石炭の価格は，電力を生産するための投入価格であり，電力の価格は産出価格である。小麦の価格は，それを生産する農場経営者にとっては産出価格であるが，それを購入して小麦粉を生産する食品会社にとっては投入価格である。投入価格が上昇したり，産出価格が低下すれば，企業はキャッシュアウトフローが増えたり，キャッシュインフローが減り，損失を被る可能性が高まる。反対に投入価格が低下したり，産出価格が上昇すれば，企業はキャッシュアウトフローが減ったり，キャッシュインフローが増え，利益を得る場合もある。

このように，それらの商品購入者または販売者としての企業は，価格をコントロールできる立場にない価格受容者である。このため，企業は，投入価格と産出価格の変動によって，常に損失を被ったり，利益を得たりする。しかもその変動幅は不確実であり，大きな利益を得る可能性があると同時に，キャッシュフローに深刻な影響を及ぼす甚大な損失を被るおそれもある。

（2）為替リスク

企業の事業活動，投資家の投資活動，そして個人の消費活動の国際化が進展した現在において，ほとんどの企業は，直接的または間接的に国際取引を行っている。商品の輸出入を行う商社や，原材料の輸入と製品の輸出を行ったり，海外に生産拠点を置く製品製造会社，海外の企業の発行する証券に投資する金融機関，そして海外に販売拠点を持つ商品小売会社はもちろん，国内市場を主な対象とした流通業や小売業であっても，現在は海外からの顧客を無視することはできない。

為替レートが変動することにより，これらの企業のキャッシュフローは直接影響を受けることになる。たとえば，原材料を輸入に依存していたり，海外の生産拠点の製品を国内で販売する製品製造企業や，海外製品を輸入し国内で販売する商社にとって，海外現地通貨に対して円高となれば，原材料費，海外生産のための人件費・物件費，製品代金の円建てでの価値は引き下げられ，キャッシュアウトフローが減り，利益を得られるかもしれない。反対に円安となれば，これらの費用の現地での支払額の円換算値は上昇し，キャッシュアウトフローが増えることになる。いっぽうで，国内で製造した製品を海外に輸出する製品製造企業や，国内製品を海外市場で販売する商社にとって，円高となれば，海外におけるこれらの製品の現地価格は割高となり，販売は不振に陥りキャッシュインフローが減り，損失を被るかもしれない。反対に円安となれば，国内製品の海外での現地価格は低く抑えることができ，売上を伸ばし，キャッシュインフローが増える可能性が高い。このように，為替レートの変動も企業にとってキャッシュフローに大きな影響を及ぼす価格リスクとなっている。

（3）金利リスク

金利は，貸付資金を取引するうえで資金の借り手が貸し手に支払うものであり，資金の価格として機能している。金利水準は，その国・地域の通貨価値の安定，ひいては経済の安定を目的として，経済情勢，社会・政治情勢などを見極めながら，中央銀行によって政策金利をとおしてコントロールされており，いうまでもなく個々の企業が左右できるものではない。金利リスクは，金利の変動により，企業のキャッシュフローが影響を受けるリスクである。たとえば，変動金利に基づいて社債を発行したり，銀行融資を受けている企業にとって，金利引上げによりキャッシュアウトフローが増え，金利引下げはそれが減ることになる。反対に企業あるいは個人に変動金利ベースで融資を行っている銀行などの金融機関は，金利引上げは受取額の増加に，金利引下げは減少につながる。

金利水準の変動は，証券価格にも影響を及ぼす。金利が引き上げられた場合，株価が低下する可能性がある。このとき投資資産として保有する株式の価値も，低下することになる。また，株式会社にとっては，発行した株式の株価が下がり，資本額も減少することになるかもしれない。このように金利の変動は，企業の財務状況にも影響を及ぼす価格リスクであるといえる。

以上のような価格リスクの性質と種類は，**図表7－8**のとおりとなる。

図表7－8　企業にとっての価格リスク

	性　質	種　　類	
価格リスク	事故　⇒ 損失または利益	商品価格リスク	商品価格の変動により企業が損失を被る，または利益を得るリスク
		為替リスク	為替レートの変動により企業が損失を被る，または利益を得るリスク
		金利リスク	金利水準の変動により企業が損失を被る，または利益を得るリスク

5―信用リスク

企業は，さまざまなステークホルダーと契約を交わし取引を行っている。企業にとって信用リスクは，その取引相手の支払いが遅延したり，不能となるリスクである。取引相手が支払遅延または支払不能となれば，企業は，予定していた額の資金を受け取れず，キャッシュフローが減少することになる。

（1）売買取引に伴う信用リスク

企業は，製品の製造・販売，商品・サービスの売買を行う際に，取引相手方の信用リスクにさらされている。たとえば顧客に対して，１ヵ月先の代金支払いを条件に，商品やサービスを先に納入することは，売買取引においてしばしば行われることである。しかし商品・サービスの納入後に，その顧客の財務状況が悪化すれば，売掛金の回収が遅延となったり，不能となったりする。また，供給者に対して原材料の納入に先立って，その代金の一部を前もって支払うことも一般的に行われるが，この場合もその後，原材料供給者のさらなる財務状況の悪化により，納品が不能となった場合には，先払いした代金を回収できないかもしれない。とくに，取引が特定の少数の大口顧客や原材料供給者に集中しているような場合は，信用リスクが重大となり得る。

しかし企業は，取引相手である顧客や供給者の経営実態と財務健全性に関する十分な情報を，容易に入手できる立場にない。このため，取引に先立って取引相手方の信用リスクを正確に評価し，契約条件を調整することは極めて困難である。しかも，取引相手の財務状況は，マクロ経済情勢や国際政治・社会情勢などの外的要因から大きく影響を受けるため，取引相手も自らの信用リスクに関して完全情報を持つわけではない。このように，ほとんどの企業が日常的に行う売買取引も，信用リスクをもたらす活動であるといえる。

（2）債券保有に伴う信用リスク

多くの企業は，投資資産として社債や国公債などの債券を保有しているが，この場合は，証券の発行主体が財務困難に陥れば金利の受取りが遅延したり，さらに破綻に陥れば元本割れとなり，その結果キャッシュフローは減少する。しかも，企業は，債券の発行主体の財務健全性に関する情報を容易に入手することは通常できず，債券保有に先立って発行主体の信用リスクを評価することは困難である。もちろん企業は，ムーディーズ（Moody's Corporation）やスタンダード・アンド・プアーズ（Standard & Poor's）といった債券格付け機関が発表する格付け情報を，意思決定に際しての参考指標として利用できるものの，これらも発行主体の信用リスクを示す完全情報ではない。このため，債券を保有する企業は，常にその発行主体の信用リスクにさらされている。

（3）金融取引に伴う信用リスク

企業は事業を行うなかで，銀行や保険会社などの金融機関とさまざまな取引を行っているが，この際にも信用リスクにさらされる。たとえば，銀行に預金として資金を保有している場合に，銀行の財務状況が悪化すれば，預金の払戻しが遅延するかもしれない。さらには極めてまれではあるものの銀行が経営破綻する事態となれば，預金の一部の払戻しが不能となるかもしれない。銀行の財務状況に関しても，企業は情報劣位にあり，事前に必要な情報を知り得る立場にないため，銀行の信用リスクにさらされることになる。

銀行と並んで保険会社も，重要な取引相手である。企業は，生命保険会社，損害保険会社と保険契約を結び，前述の人身損失リスク，財物損失リスクおよび賠償責任損失リスクを移転している。企業は保険契約時に保険料を支払うことにより，保険の対象となる事故により損失を被った際に保険金を支払うことを約した保険証券を保険会社から受け取る。保険証券は，保険契約者である企業が，保険会社に対して保険金を請求する債権を持つことを示すものである。しかし，万一保険会社の財務状況が悪化し，支払不能となれば，損失が発生したとしても約定の保険金が受け取れないかもしれない。

金融取引に伴う信用リスクは，金融機関に対する財務規制による公的介入によって，ある程度は縮小されている。財務規制の要件を満たしている銀行や保険会社であれば，財務健全性が確保されていると期待でき，企業は信用リスクを恐れることなく取引を行うことができるだろう。また，預金保険制度や保険契約者保護制度も，金融機関の信用リスクを事後的に縮小している。これにより，万一銀行や保険会社が経営困難に陥り，支払不能となった場合には，預金や保険金の一部が保護される。しかし，これらのセーフティネットが十分に手厚くないことには，留意する必要がある。たとえば，預金保険制度では，有利息型普通預金や定期預金などの一般預金では，合算した元本1,000万円までとその利息分のみが保護の対象となり，外貨預金などは保護の対象とはなっていない。保険会社が支払不能となった場合も，保険契約者保護制度の対象が，主に個人契約に限られるとともに，対象であっても約定の保険金の全額が支払われるとは限らない。これには財源確保の問題に加え，預金者や保険契約者が金融機関の財務状況を積極的にモニタリングし，金融機関の健全な経営を促すという理由もある。

以上のような信用リスクは，**図表7－9**のようにまとめることができる。

図表7－9　企業にとっての信用リスク

	性　質	種　類	
信用リスク	契約相手方の支払遅延・不能 ⇒ 損失	債券発行主体の信用リスク	債券発行主体の支払遅延・不能
		売買取引相手の信用リスク	売買取引相手の支払遅延・不能
		金融機関の信用リスク	取引金融機関の支払遅延・不能

Column⑭　移動式カフェの経営にはどのようなリスクが伴うのか

銀行から融資を受けて，移動式カフェを経営する経営者は，どのようなリスクにさらされているだろうか。本文のリスクの分類に従ってリストアップすれば，次のとおりとなる。

純粋リスク	
人身損失リスク	○経営者自身と従業員の傷害・疾病などによる休業 ○従業員の退職
財物損失リスク	○火災，事故，災害による車両，コーヒーメーカーなどの機材，コーヒー豆などの原材料の損傷・汚損・滅失 ○車両，機材，原材料の盗難 ○暴動による車両，機材，原材料の損傷・汚損・滅失
賠償責任損失リスク	○機材や原材料の不適切な管理による火傷や食中毒など顧客の傷害・疾病 ○移動中の過失による自動車事故に起因する被害者の傷害

価格リスク	
商品価格リスク	○コーヒー豆などの原材料の需要の増加による価格高騰 ○低価格の競争者の出現による販売価格の引下げ
為替リスク	○円安の進行によるコーヒー豆などの輸入原材料の価格高騰 ○円高の進行に伴う外国人観光客の減少による売上の減少
金利リスク	○金利上昇による借入利息の増加

信用リスク	
売買取引に伴う信用リスク	○大口顧客であった企業の予期せぬ経営破綻による売掛金の回収不能 ○原材料購入先の企業の予期せぬ経営破綻による先払い代金の回収不能
証券保有に伴う信用リスク	○資産として保有していた社債の発行企業の予期せぬ経営破綻
金融取引に伴う信用リスク	○預金口座のある銀行の支払不能 ○保険契約を締結していた保険会社の支払不能

●参考文献

下和田功編. 2024.『はじめて学ぶリスクと保険（第5版）』有斐閣.

諏澤吉彦. 2018.『リスクファイナンス入門』中央経済社.

諏澤吉彦・柳瀬典由・内藤和美. 2020.『リスクマネジメントと損害保険』損害保険事業総合研究所.

柳瀬典由・石坂元一・山﨑尚志. 2018.『リスクマネジメント』中央経済社.

米山高生. 2012.『リスクと保険の基礎理論』同文舘出版.

第8章

リスクマネジメントとリスクファイナンス

Story❽　移動式カフェのリスクマネジメント

移動式カフェをはじめ，火災保険，自動車保険に加入したので，火災が起きても，自動車事故に遭っても大丈夫だろうか。保険以外にも火災や自動車事故などに対処する方法や活動はあるのでは？ 反対に，どんなリスクに対しても，保険は存在するのだろうか。地震や洪水は？

売上も徐々に増えて，コーヒー豆の仕入も量が多くなると，その価格変動も気になる。価格リスクにはどうやって対処すればいい？

コーヒー豆の調達先の商社が，財務困難に陥ったら，どうすればいい？

適切なリスクマネジメントを行うためには，そのためにどのような方法や活動があり，それぞれどのようなリスクに対処し得るのかを理解しておかなければならない。

❶—リスクマネジメントとは

前章では，企業が直面しているさまざまなリスクの種類と性質について見てきたが，これらのリスクに対処するための方法や活動がリスクマネジメントである。たとえば，純粋リスクに対処するためには，どのような方法や活動が挙げられるだろうか。**図表8－1**のとおり，火災のリスクに備えるには，火災保険に加入することはもちろん，その他にも損失を塡補できるだけの十分な積立金を用意しておくことも，選択肢として挙げられる。また，事務所や，工場，倉庫，店舗などの施設に火災報知器やスプリンクラーを設置したり，あらかじめこれらの施設の建設の際に，防火材を使用することなどが考えられる。同様に，自動車事故に備えるには，保険への加入のほか，積立金の保有，車両に安全装置を配備したり，運転補助機能を付加することなども，考えられる。また，地震の場合には，地震保険や積立金に加え，施設の耐震補強や，それらを１ヵ所に集中させるのではなく，地理的に分散して保有することなども，有効であろう。

図表８－１　主な純粋リスクのリスクマネジメント

火災	○火災保険　○積立金 ○防火材の使用　○火災報知機の設置 ○スプリンクラーの設置　など
自動車事故	○自動車保険　○積立金 ○安全装置の配備　○運転補助機能の付加　など
地震	○地震保険　○積立金 ○施設の耐震補強 ○施設の地理的分散

❷―リスクマネジメントの体系

これらのリスクマネジメントの方法や活動は，その機能によりいくつかに分類される。たとえば，図表８－１に挙げた火災保険や自動車保険，地震保険は，それぞれの保険が対象とするリスクを，保険会社に移転するものである。火災や地震が発生したり，自動車事故に遭い，損失を被れば，保険会社から保険金が支払われ，損失補塡に充てることができる。積立金は，自ら事前に十分な資金を保有しておくことである。これらの保険や積立金は，起こり得る損失に，資金により備えるものとみなすことができる。いっぽう，施設への火災報知器の設置やその耐震補強，車両への安全装置の配備などは，事故の発生自体を回避したり，事故が起こっても損失の拡大を防止することで，期待損失を低下させるものである。さらに，保有施設の地理的分散などは，企業が自らの事業活動に工夫を施すことにより，リスクに対処するものである。このように，リスクマネジメントの方法や活動は，**図表８－２**に示したとおり，リスクファイナンス，リスクコントロール，そして内部リスク縮小の，大きく３つのグループに分類される。

図表8－2　リスクマネジメントの体系

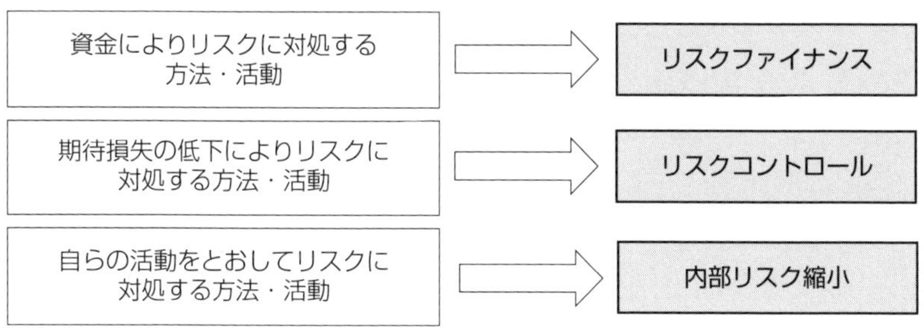

（1）リスクファイナンス

リスクファイナンスは，事故発生の頻度を低下させたり，損失の強度を低下させる機能はないものの，損失発生後に損失を埋め合わせるための資金調達の手段として利用されるリスクマネジメントである。リスクファイナンスは，次節で詳しく述べるように，さらにリスクを他者に移転するリスク移転と，自らの資金でリスクに備えるリスク保有とに細分される。従来のリスクマネジメントにおいて中心的な役割を担ってきた保険は，純粋リスクを保険者に移転するものとして，価格リスクに対処するための先物やオプションを含むヘッジなどとともに，リスク移転に分類される。

（2）リスクコントロール

リスクコントロールは，リスクに物理的に対処することにより，事故発生の頻度と，損失の強度のいずれか，または両方を低下させることにより，結果として期待損失を低下させる機能をもつ諸活動を含む。事故発生頻度を低下させる機能を持つリスクコントロールが損失回避と，損失の強度を低下させる機能を有するものが損失縮小と，それぞれよばれる。

（3）内部リスク縮小

内部リスク縮小は，リスクに金銭的に対処したり，物理的に回避・縮小したりするのではなく，企業あるいは個人が自らの活動をとおして内部的にリスクを縮小する方法である。内部リスク縮小は，適切な事業・投資資産・財物ポートフォリオを構成し保有することを指すリスク分散と，将来キャッシュフローの予測のための情報投資が含まれる。

❸—リスクファイナンスと保険

発生した損失を事後的に埋め合わせるリスクファイナンスが，大きくリスク移転とリスク保有とに分類されることは前述のとおりであるが，それぞれに含まれる主な方法は，**図表８－３**のとおりとなる。

図表８－３　リスクファイナンスの種類

リスク移転	保険	生命保険，損害保険，傷害疾病保険，各種公的保険など
	ヘッジ	先渡し，先物，オプション，スワップなど
	代替的リスク移転	カタストロフィボンド，天候デリバティブなど
	免責・補償の合意	契約上の免責事由，製品保証制度など
リスク保有		貯蓄・キャッシュフローからの支払い，積立金，自家保険，キャプティブなど

（１）リスク移転

リスクファイナンスのなかでリスク移転は，他者とリスク移転契約を取り交わすことにより，自らがさらされているリスクを契約相手に転嫁する方法や活動であり，保険，ヘッジ，代替的リスク移転（代替リスク移転ともいう）および免責・補償の合意が含まれる。

①　保険

保険は，リスク移転者となる企業や個人が，リスク引受者としての保険会社や公的機関に，純粋リスクを移転する契約である。保険契約の当事者であるリスク移転者は保険契約者または保険加入者と，リスク引受者は保険者と，それぞれよばれる。保険会社が保険者となる私的保険を前提として，保険契約の構造をみれば，**図表８－４**のようになる。まず契約締結時に保険契約者は予め保険料を保険会社に支払う。いっぽう保険会社は，対象となる事故を原因として保険契約者が被った損失に対して保険金を支払うことを約束するものである。

図表８－４　保険によるリスク移転の構造

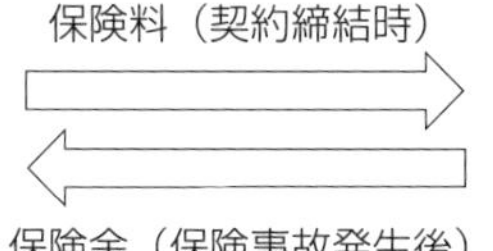

私的保険では，前章で見てきた純粋リスクのうち，人身損失リスクに対しては主に生命保険および傷害疾病保険（第三分野の保険ともいう）を，財物損失リスクと損害賠償責任損失リスクに対しては主に損害保険を付すことにより，企業は保険会社にリスク移転を行うことができる。しかし実際の保険商品は，多様な名称が付されるとともに，対象とするリスクも多様化し，またパッケージ化も進んでいる。いっぽう，社会保険ともよばれる公的保険は，個人が生活するなかでさらされる傷害，後遺障害，死亡，生存，失業などのリスクに対して，公的生活保障制度の一環として国や公的機関が保険者となり保障または補償を提供するものであり，各種公的医療保険，公的介護保険，雇用保険，労働者災害補償保険，公的年金などが含まれる。公的保険は，個人を被保険者とするものであるが，企業にとっても，福利厚生の１つとして従業員の保険料負担や保障・補償提供などの面で関与する分野である。これらの保険を，対象とする純粋リスクの種類により分類をすると，**図表８－５**のようになる。

図表８－５　保険の種類と対象リスク

保険の種類			対象リスク
私的保険	生命保険	死亡保険，生存保険，生死混合保険など	人の生存，死亡
	損害保険	火災保険，自動車保険，賠償責任保険など	偶然の事故を原因とする財物の損傷・滅失，損害賠償責任の負担など
	傷害疾病保険（第三分野の保険）	傷害保険，医療保険，介護保険など	傷害，疾病，後遺障害など
公的保険（社会保険）	公的医療保険，公的介護保険，雇用保険，労働者災害補償保険，公的年金など		傷害，疾病，後遺障害，生存，死亡，失業など

②　ヘッジ

保険が純粋リスクを対象としているのに対して，ヘッジは，商品価格の変動，金利の変動，為替レートの変動といった価格リスクに，金融派生商品（金融デリバティブともいう）を利用することにより対処するリスク移転である。金融派生商品は，さまざまな商品や証券などの資産の価格や金利を取引の対象とする点から，取引の源となる資産から派生した金融商品という意味で名づけられた。現在は多様な形態のものが取引されているが，多くは**図表８－６**のとおり先渡し，先物，オプション，そしてスワップの４種類を原型として，それらから発展したものである。

図表８－６　ヘッジの基本形態

先渡し	相対の売買予約取引であり，現物取引を伴う。
先物	取引所に上場され標準化された売買予約取引であり，清算取引による。
オプション	取引所に上場され標準化された売買権利取引であり，清算取引による。
スワップ	一定期間のキャッシュフローを複数回交換する予約取引である。

先渡しは，取引の対象となる資産の販売者と購入者の二者間で，あらかじめ定めた将来の一時点に，あらかじめ定めた価格で，売買することを取り決める予約取引である。先渡し契約を結ぶことにより，売買時点の資産の価格にかかわらず，販売者と購入者は，将来のキャッシュインフローとアウトフローを確定させることができ，事業や投資の計画と実行が容易となる。先渡し契約では，対象となる資産を，資産の販売者と購入者が相対で売買する現物取引であるため，両者が合意すれば，生鮮食品のように品質と取引量を標準化しにくいものも対象となり得る。しかし，地理的に離れた場所でそれぞれ活動する当事者同士で先渡し契約を結ぶことは，必ずしも容易ではない。

先物も，先渡しと同様に，あらかじめ定めた将来の一時点までに，あらかじめ定めた先物価格で資産を売買することを取り決める予約契約であるが，証券取引所に上場して取引が行われるものである。このため，当事者が相対で現物取引を行う必要はなく，売買時点の資産の価格と，先物価格との差額を支払う，または受け取る清算取引である。先物は証券取引所で取引が行われるため，対象となる資産は，その質と取引量が標準化できるものに限定される。たとえば金利，通貨，株式，債券などの有価証券のほか，商品先物では金や鋼材などの金属，小麦などの穀物，原油，天然ゴムなどが対象となるが，生鮮食料品などは，取引の標準化が困難であるため，先物の対象とはなりにくい。

先渡しと先物では，当事者は資産の価格の変動による損失負担を免れるかわりに，利益もあきらめなければならなかった。オプションは，この問題を一部解消するものである。オプションは，約定の期日に，対象となる資産を約定の価格で販売または購入する権利を取引するものであり，契約者が権利を行使するかしないかを選択することができる点が，予約取引である先渡しや先物とは異なる。たとえば，資産の購入者は，その価格が一定水準より高くなった時だけオプションを行使することで損失を免れ，反対に，価格が下がった時にはオプションを放棄し，現物取引で低い価格で資産を購入すればよい。価格リスクの移転者は，オプション契約相手に対してリスク引受の報酬としてオプションプレミアムを支払わなければならないが，資産の価格にかかわらず，追加的な費用負担は発生しない。オプションも，証券取引所に上場されて取引が行われるため，先物と同様に対象となる資産は限定される。

先渡し，先物およびオプションは，約定の期日に現物または清算取引を1回のみ行うものであったが，スワップは，契約当事者間で将来の一定期間のキャッシュフローを複数回交換する契約である。スワップ契約は，あらかじめキャッシュフローの交換期間と交換のタイミング，そして交換する金額の計算方法を契約当事者間で取り決め，これに従ってキャッシュフローの交換を相対取引で行うものである。この点から，連続した先渡し契約の集合体であるといえ，契約当事者の合意によりカスタマイズした契約内容を設計することが可能である。たとえば，異なる種類の金利を交換する金利スワップ，異なる通貨間で金利と元本を交換する通貨スワップなどが，取引されている。

③　代替的リスク移転

代替的リスク移転（ART：alternative risk transfer）は，伝統的なリスク移転である保険によって対処しにくいリスクや保険による保護の超過損失部分を，証券化やヘッジの仕組みを応用して移転することを目的とした，比較的新しいリスクファイナンスである。その代表的なものとして，カタストロフィボンドと天候デリバティブが挙げられる。

カタストロフィボンドは，証券化の仕組みを応用して，地震などの大規模自然災害による巨大損失を投資家に移転するものである。大規模自然災害などのリスクは，損失発生の相関，期待損失の不確実性ともに高く，保険によっても十分に対処することが困難である。このような保険の限界を補完するものとして，2000年代以降，高リスク地域に大規模施設を保有する企業などによってしばしば利用されてきたものである。

天候デリバティブは，前述のオプションの仕組みを応用して，天候に関係して企業が被る損失を保険会社や銀行などの金融機関に移転するものである。たとえば，気温によって売上が左右される清涼飲料製造企業や，雨天が続くと損失につながる屋外型娯楽観光施設などが，一定期間の平均気温や降雨日数などを基準として，実際の平均気温や降雨日数などが基準を超えた場合，または下回った場合に約定の資金が支払われるものである。

④　免責と補償の合意

免責の合意は，契約の当事者の一方が，ある活動から生じる損失に対して，もう一方の当事者を免責にすることに合意するものである。いっぽう補償の合意は，第三者である被害者の損失に対して，契約の当事者の一方がいったん支払い，その後にもう一方の当事者が補償するものであり，機能的には免責の合意と大きく異ならない。たとえば，製品製造会社と製品小売販売店の両者が販売委託契約を結ぶ際に，製品の欠陥によりその購入者が被る損失を負担する義務を負う当事者がいずれなのかをあらかじめ取り決めて，契約のなかに盛り込むことなどが挙げられる。免責の合意において，販売店がリスク移転者となっていれば，製造会社が，購入者が被った損失を直接的に補填することになる。また，補償の合意がされていれば，販売者がいったん購入者に対して損失を補填し，追って製造会社からそのために支払った金額の補償を受けることになる。このような免責・補償の合意の際には，対象となるリスクに関して情報優位な立場にあり，それを管理可能な当事者がリスクの引受者になることにより，安全性の向上が期待できる。

（2）リスク保有

リスク保有は，発生した損失の全部または一部を自らが埋め合わせるリスクファイナンスの活動である。たとえば，企業が，少額の損失に対しては事業活動からのキャッシュフローにより，それを補塡することが含まれる。また，企業が損失補塡専用の資金を積立金として任意に用意しておくことも，リスク保有である。自家保険は，組織化された積立金であり，将来の損失を予測し，それに基づき自家保険料を計算したうえで，必要な資金を内部留保するものである。さらに，グループ形態をとる企業が，リスク引受専門の子会社を設立し，これに所有関係にあるグループ内の企業のさまざまなリスクを引き受けさせる方法も，しばしば採用される自家保険の形態である。このような仕組みはキャプティブとよばれ，国際的に事業活動を行う大規模グループ企業にとって，重要なリスクファイナンスの選択肢となっている。

❹―リスクコントロール

損失発生後，それを金銭で補塡するリスクファイナンスに対して，リスクコントロールは，損失の頻度と強度の双方またはいずれかを低下させることにより，期待損失を低下させるリスクマネジメントの諸活動である。リスクコントロールは，**図表８－７**のとおり，さらに損失回避と損失縮小の２つの種類に分類されるが，両者の機能をあわせ持つものもある。

図表８－７　リスクコントロールの種類

損失回避	厳格な機器検査・整備，事故回避訓練の実施，勤務時間の調整，火気の使用制限，危険な活動の縮小・停止など
損失縮小	事故対応マニュアルの整備，防火壁の設置，スプリンクラーの配備など
損失回避・縮小	厳格な製品安全性検査，自動車への運転補助機能の付加など

（１）損失回避

損失回避は，主に損失発生の頻度を低下させることで期待損失を引き下げる活動である。たとえば，運送業を営む企業についてみれば，自社の自動車が事故を起こせば，車両や積み荷の損傷といった財物損失を被るおそれがある。事故が重大なものであれば，従業員である運転者が傷害を負うだけでなく，後遺障害や死亡につながることもある。さらに，事故の原因がその従業員の過失により引き起こされたのであれば，被害者となった事故の相手方に対して損害賠償責任を負い，賠償金を支払うことにもなりかねない。このような事態に備え，この企業は，厳格な車両の検査・整備や，運転者を対象とした安全運転訓練の実施および勤務時間の調整などを行うことができる。これらの対策は，主に自動車事故の頻度を引き下げる損失回避に分類することができる。同様に，火気を扱う工場において生産を行う企業は，工場内において火気の使用場所を限定することや，従業員に対して火気の取扱マニュアルを整備することなどにより，火災発生の頻度を引き下げることができ，これらの活動も損失回避である。

（2）損失縮小

損失縮小は，主に損失の強度を低下させる機能を有するリスクコントロールの活動である。損失回避の例と同じ運送業を営む企業についてみれば，運転者のために事故発生時の対応マニュアルを整備することなどが，損失縮小に含まれる。これらの方策は，自動車事故の発生自体を防ぐことはないかもしれないが，事故が発生した際に損失の強度を低下させる損失縮小に分類できる。工場における火災のリスクに対処しようとする企業であれば，火気の使用制限や，火気の取扱マニュアルの整備などの損失回避のほか，工場に防火壁を設置したり，スプリンクラーを配備することもできる。防火壁やスプリンクラーは，火災が発生したとしても，それが拡大し延焼することを避け，損失を最小化しようとするものであり，損失縮小であるといえる。

（3）損失回避・縮小の機能を有するリスクコントロール

リスクコントロールのなかには，損失の頻度と強度の双方を低下させる損失回避と損失縮小の機能を同時に備えているものも多い。たとえば，製薬会社が新薬の安全性を厳格に検査することは，薬害などの事故の発生自体を防止すると同時に，事故がいったん発生してもそれが重大なものとならないことを目的として行われるものであり，損失回避および損失縮小の双方の機能を持ったものである。また，車両に装備される運転補助機能も，自動車事故の発生を防ぐだけでなく，事故が発生しても衝突の衝撃を緩和して損失を拡大させない機能を持つものが多く，損失回避と損失縮小の機能をともに有するリスクコントロールである。

❺―内部リスク縮小

企業は，起こり得る損失に資金調達手段としてのリスクファイナンスで対処することに加え，リスクを自らの活動をとおして内部的に縮小することも可能である。このような内部リスク縮小には，**図表8－8**のようにリスク分散および情報投資が含まれる。

図表8－8　内部リスク縮小の種類

リスク分散	適切なポートフォリオ管理
情報投資	将来キャッシュフロー予測のための情報収集・分析

（1）リスク分散

企業が行う一連の事業の集合体，また，保有する一連の資産の集合体は，それぞれ事業ポートフォリオ，資産ポートフォリオとよばれるが，リスク分散は，これらのポートフォリオを適切に選択・構成し，管理することを指す。すなわち，利益・損失発生の相関が低い事業同士を組み合わせた多角化を行うことにより，全体としての事業収益・損失の変動性を縮小することや，同様に相関の低い資産を組み合わせた投資活動を行うことで投資収益・損失を平準化することなどが挙げられる。また，意思決定機能を少数の経営者・管理者に集中するのではなく，複数の事業部門に分割して委ねることや，事業拠点を特定の地域に集約せず地理的に広い範囲に置くことなども含む。さらに資金調達先，顧客，原材料供給者などの取引相手を多様化することは，とくに信用リスクに対処するためのリスク分散であるといえる。

（2）情報投資

企業は，自らの活動に関わるさまざまな情報を収集し，それに基づき統計を編纂し，分析することで，将来の損失または利益をより正確に予測することができる。このような情報投資には，過去の事故発生状況に関する情報を収集・

分析することや，新商品の潜在的な需要調査を行うこと，将来の商品価格，金利および為替レートの予測のためのシミュレーションを行うことなどが含まれる。これらの情報投資活動を通して，将来キャッシュフローの確率分布をより正確に予測することができ，無駄のない投資計画や資金調達計画を立て，実行することができる。また，リスクファイナンスおよびリスクコントロールを過剰または過少に行うことなく，適切なアレンジメントが可能になる。

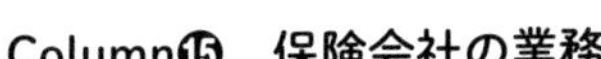

Column⑮　保険会社の業務

就職先としてもしばしば候補にあがる保険会社は，どのような業務を行っているだろうか。保険の業務プロセスに沿って見ていくと，次のとおりとなる。

保険商品の設計・開発	保険の業務プロセスの最初の段階が保険商品の設計と開発であり，保険の対象となるリスクの種類や金額を設計し，その内容を保険約款として編纂することを含む。このためには，マーケティングを含む経営学のほか，経済学，法律などの知識が必要である。

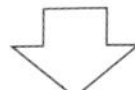

保険料算出	保険商品の内容が決まれば，その価格である保険料を，将来の保険金支払い予測に基づき算出する必要がある。主に，アクチュアリー（数理業務のプロフェッショナル）の役割が大きいが，どのような割引・割増体系とするかなど，経営学や経済学，法律の知識も不可欠である。

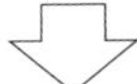

アンダーライティング	保険契約の引受けに先立って，保険の対象となる個人や財物のリスク実態の評価と，それに基づく保障・補償内容と保険料を決定するプロセスであり，とくに規模の大きい企業を対象とした保険契約引受において重要な業務である。工学・医療などの知識も必要となる。

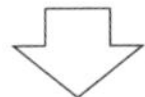

リスクコントロール	保険契約締結後，契約者に対して防火・防災・安全運転・健康維持に関する各種サービスを提供することである。この際，アンダーライティングで収集したリスク実態に関する情報が活用される。

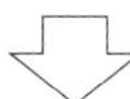

損害調査と保険金支払い	保険の対象となる事故が発生した後，事故原因や賠償責任関係などを調査し，保険金を決定し，それに基づき保険金を支払う。法律・工学・医療の知識が必要となる。

保険資金投資	保険料収受から保険金支払いまでのタイムラグを利用して，保険資金を債券や株式などに投資する。保険料算出過程においては，あらかじめ投資収益を見込んで割り引いているため，重要な業務である。経営学，とくに会計やファイナンスの知識が必要である。

Column⑯　生命保険と損害保険の対象リスクの違いは？

生命保険は，「人の生存と死亡にかかわるリスク」を対象とする。保険の対象となる個人は，死亡するまでは確実に生存している。いつまで生存するのか，あるいはいつ死亡するのかというタイミングの不確実性はあるものの，標準生命表などに基づいて平均的な生存・死亡年齢を把握することができ，保険収支も比較的安定的である。ただし，一度に多くの人が被害者となる大規模自然災害や，大規模感染症が発生した場合は，数多くの保険金支払いが必要となることがある。

いっぽう損害保険は事故や災害などの「偶然の事故にかかわるリスク」を対象としている。自動車事故や火災などは比較的小規模の損失を伴う事故が数多く発生しているため，期待損失の予測もある程度可能である。しかし，地震や風水災などの自然災害は，発生するかどうか自体が不確実であるとともに，損失がいくらになるのかも不確実であるといえる。このため，損失推計のためのシミュレーション・モデルなどにより，不確実性を縮小する努力がなされている。

●参考文献

下和田功編. 2024.『はじめて学ぶリスクと保険（第５版）』有斐閣.
諏澤吉彦. 2018.『リスクファイナンス入門』中央経済社.

諏澤吉彦・柳瀬典由・内藤和美. 2020.『リスクマネジメントと損害保険』損害保険事業総合研究所.
柳瀬典由・石坂元一・山﨑尚志. 2018.『リスクマネジメント』中央経済社.
米山高生. 2012.『リスクと保険の基礎理論』同文舘出版.

第9章

社債の発行と株式の上場

Story❾　移動式カフェの資金調達

移動式カフェ事業をもっと拡大したい。そのためには，移動式カフェの台数を増やし，コーヒーをたくさん仕入れ，さらに多くの従業員を雇用する必要がある。これを実現するには，より多くの資金を調達しなければならない。これまでは，おもに株式の発行と銀行からの借入によって資金調達を行っていたが，これをさらに拡大する方法はないだろうか？ また金額の大きさだけでなく長期的な資金調達に適した方法はないのだろうか？

❶—企業の資金調達

第４章でみたように，企業の資金調達はその拠出元に応じて，内部資金調達と外部資金調達とに分けることができる。内部資金調達は，営業活動を通じて得られた利益を蓄積した繰越利益剰余金などを資金に充てることをいう。一方，外部資金調達は，銀行借入などによって行われ負債となるものと，株式発行を通じて株主から行われ純資産となるものとがある。銀行借入れは，返済の必要があり，また借入期間にわたって利子を支払う必要がある。他方，株式については返済の義務はなく，株主への見返りである配当金についても必ず支払う必要があるわけではない。これら特徴をふまえて，企業は状況に応じて資金調達方法を選択する。

とくに多額の資金調達を行う必要があれば，より多くの人に出資をしてもらわなくてはならない。そのためには，できるだけ多数の人に企業が資金調達を行いたいと考えていることを知ってもらったうえで，株式などの売買を容易に行うことができる場所が必要となる。それらの役割を果たすのが証券市場である。

ただし，すべての企業が証券市場で自由にこのような活動を行うことができるわけではなく，一定の決まりや手続きに従う必要がある。本章では，企業の資金調達のなかでも，大きな割合を占めている社債と株式の証券市場での売買を中心に，その特徴をみてみよう。

❷—金融商品取引所

株式や債券といった有価証券の多くは，東京，名古屋，札幌，福岡の４ヵ所にある証券取引所（金融商品取引所）において取引されている。近年，取引所間の統廃合が行われ，各取引所は株式会社の形態をとるなど取引所の再編が進んでいる。

取引所のなかでも，最も規模が大きいのが東京証券取引所である。2007年に施行された金融商品取引法により，株式会社東京証券取引所グループが設立された。さらに国際的な競争力強化を目指し，2013年には株式会社東京証券取引所グループと株式会社大阪証券取引所が経営統合し，株式会社日本取引所グループ（JPX：Japan Exchange Group）が誕生した。JPX 子会社の主な事業内容は以下のとおりであり，取引所として有価証券の売買が公正，透明で効率的に行われるようになっている。

①　株式会社東京証券取引所（東証）

現物市場（株式や債券といった現物を，市場価格（その決定プロセスは第11章参照）で受け渡し，決済が行われる市場）の開設，運営を行う。

②　株式会社大阪取引所（大証）

デリバティブ市場（元になる金融商品について，将来売買するときの価格をあらかじめ約束する取引（先物取引）や将来売買する権利をあらかじめ売買する取引（オプション取引），利子や元金を将来において受け取る権利を交換するスワップ取引を行う市場）の開設，運営をする。

③　日本取引所自主規制法人

上場審査（上場希望企業の適格性審査）・上場管理（上場企業の情報公開や企業行動のチェック），考査（証券会社などの取引参加者に対する検査），売買審査（市場での不公正な取引の監視）といった取引所の自主規制業務を行う。

④　**株式会社日本証券クリアリング機構**

証券市場の統一清算機関であり，有価証券の売買その他取引に係る清算業務およびその関連業務を行う。

これらの取引所のうち現物市場では，有価証券の新規の発行と，すでに発行されたものの売買とが行われている。このような市場の機能に着目して，前者を発行市場，後者を流通市場とよぶ場合があるが，実際に２つの市場が別々に存在するわけではない。

また，有価証券はかつては紙媒体で発行されていたが，現在，証券市場で扱われる有価証券は電子化されている。

❸―社債の発行

社債とは，会社が事業を行うための資金調達を目的として，金銭の払込みと引き替えに発行した，出資者に対する債務をあらわす借用証書（債券）をさす。社債に決められた条件により，会社は返済時期（償還期間）が到来するとあらかじめ決められた額を支払い，また資金の借入中は利子を支払う必要がある。

社債の発行方法には，購入できる投資家を限定する私募と限定しない公募の２つがある。私募とは，金融機関のみを相手とする場合，もしくは50人未満の投資家に対して募集を行うものを指し，公募に比べて資金調達の手続きが簡単である。

一方，公募とは金融機関のみを相手とする場合を除き，50人以上への投資家に対して募集を行うものを指す。公募は，大企業が多額の資金を調達する際に用いられることが多く，投資家に与える影響も大きいため，その発行手続きが以下のように定められている。

①　**社債発行の決定**

社債発行は，業務執行機関が決定するのが一般的である。企業形態により異なるが，取締役会設置会社であれば，取締役会で社債の発行を決定する。

②　**募集事項の決定**

募集社債を発行する場合には，募集社債の金額，利率，償還の方法および期限，利息支払いの方法および期限，社債の払込金額などについて決定する。

③　**社債の申込み**

先の募集事項を投資家に対して通知する。この通知をもとに，投資家は引き受けるつもりのある募集社債の金額，希望する払込金額などを伝える。

④　**社債の割当て・払込み**

申込者の中から誰にいくら引き受けてもらうかを決定する。会社は，必ずしも申込者の希望通りに割り当てる必要はない。社債の募集が完了した際には，申込者は払込期日に，割り当てられた社債の金額を払い込む。企業に払い込まれた金額は，貸借対照表の負債の部に社債として計上される。

Column⑰　証券会社の仕事

証券市場において，株式や債券などの有価証券の売買や取次ぎを行っているのが証券会社であり，大きく以下の４つの業務がある。

①　**ブローカー業務**

有価証券の売買を希望する投資家からの注文を受け付け，それを証券取引所に伝えることによって取引を成立させる業務を指す。仲介をしたときに受け取る手数料が，証券会社の収益となる。

②　**ディーラー業務**

売買を仲介するのではなく，証券会社が自らの資金を用いて有価証券の売買を行う業務であり，売買によって売却益（収益）を得ることができる。証券会社が取引に参加することによって，市場取引が活発になり売買が成立しやすくなるという側面もある。

③　**アンダーライティング業務**

有価証券の発行会社から証券を買い取り，それを投資家に販売する業務を指す。有価証券の発行会社は，自身で買い手を探すこともできるが，それには本章❹でも示すように，多くの手間がかかる。そこで，証券会社に有価証券を購入してくれる投資家を探してもらうよう依頼することもあり，その業務が③と④である。

④　**セリング業務**

発行された有価証券を一時的に預かり，購入者を探して販売する業務を指す。

❹—株式の公開

（１）株式の公開と上場

株式会社では，その定款によって株式の譲渡制限が設けられることがある。その場合は限られた人しか株主になることができず，多くの人から出資を募ることは難しい。

自社の発行する株式を自由に譲渡できるようにすることを株式公開といい，これにより不特定多数の人が株式を売買できるようになる。公開されている株式の所有者は，購入希望者との相対取引（売り手と買い手が当事者同士で価格や売買数量などを決めて行う取引）によって株式の譲渡を実現することができる。ただし，売買条件に合致した購入希望者を探すのは非常に労力がかかる。

株式を取引するために用意された場所が株式市場であり，ここに自社の株式を登録しておく（これを上場という）ことによって，多くの人の目にとまり，結果として売買が成立しやすくなる。上場することによって，相対取引に比べて取引コスト（取引を行うためのコスト，たとえば買ってくれる相手を探す手間）が少なくてすむことが多い。そのため上場は，株式を公開する際の有力な方法となる。

株式を上場することによって，企業には次のような影響がある。株式の上場にはメリットだけでなく，デメリットもあることに注意が必要である。

① 証券市場から必要に応じて機動的に資金調達を行うことができる。
② 企業の知名度や社会的信用度を増大させることができる。
③ 市場の厳しい評価にさらされ，投資家への説明を求められる可能性がある。これに対応するには多額のコストがかかるが，一方で企業の広報活動や内部管理体制などを検討するきっかけともなる。
④ 会社の所有と経営の分離の程度が強くなり，その結果として経営支配権を他に奪われる可能性が高くなる。

（2）新規株式公開

新たに株式を公開する新規株式公開（IPO：initial public offering）には，公募増資と売出しの2つの方法がある。公募増資は，新株を発行して証券市場から新たに資金調達することをいう。追加的な資金調達となり，貸借対照表の資本金が増加する。

また売出しとは，創業者などが保有しているなど，すでに発行されている株式を証券市場で売却することをいう。このとき，企業にとっては調達された資金の額はそのままであり，資本金の額は変わらない。創業者は，会社設立に際して引き受けた株式を売り出すことによって，創業者利得を得ることができる可能性がある。

（3）株式上場の手続き

① 上場市場の決定

株式を公開するにあたっては，どの市場に上場するのかを決定する必要がある。**図表9－1**は東京証券取引所の市場区分を示したものである。市場によって特徴があり，後述するように上場のための要件も異なっていることから，企業は各々の状況にあわせて市場を選択することになる。

図表9－1 東京証券取引所の市場区分

市　場	特　　徴	企業数
プライム市場	企業規模が大きく，高いガバナンス水準を備え，投資者との建設的な対話により持続的な成長を目指す企業向けの市場。	1,831(1)
スタンダード市場	一定の企業規模を持ち，基本的なガバナンス水準を備えつつ，持続的な成長を目指す企業向けの市場。	1,442(2)
グロース市場	高い成長可能性を実現するための事業計画及びその進捗の適時・適切な開示が行われ一定の市場評価が得られる一方、事業実績の観点から相対的にリスクが高い企業向けの市場。	550(3)
TOKYO PRO Market	上記3つの市場が，個人投資家も参加可能な市場であるのに対して，本市場はプロ投資家向けの市場。	80(0)
合計	―	3,903(6)

（注）企業数は2023年9月28日現在のものであり，カッコ内は外国会社数を表している。
（出所）日本取引所グループHP「市場区分見直しの概要」「上場会社情報」より作成

また**図表9－2**のように，新規上場後に，企業の成長に応じて，その他の市場に移動することもできる。ただし，移動に際しては，新規上場時と同様の基準をクリアする必要がある。

図表9－2　株式市場における上場と市場変更

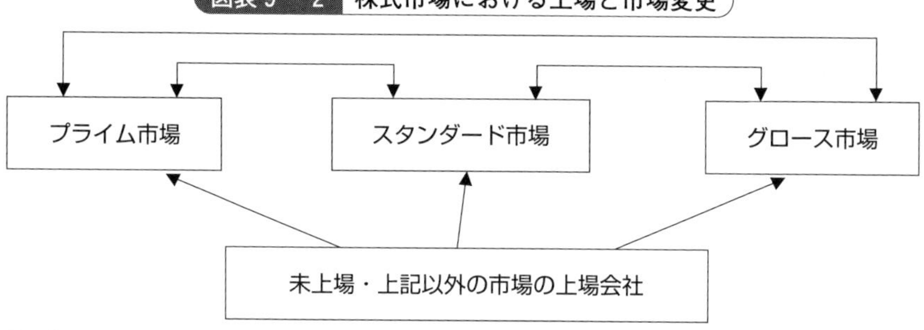

（出所）東京証券取引（2023b）「Ⅷ市場区分の変更」より作成

図表中の「上記以外の市場」には，たとえば東京証券取引所にあるTOKYO PRO Marketが含まれる。プライム，スタンダード，グロース市場では，誰でも取引に参加できるが，TOKYO PRO Marketでは，株式投資の知識や経験が豊富なプロ投資家しか取引に参加することができない。投資家が企業状況を的確に見極めることができる能力をもっていれば，上場に際して企業に厳しい条件を付ける必要がなくなり，機動性・柔軟性をもった市場となっている。実際，上場申請から承認までの期間が10営業日と，東証の他3市場の2～3か月という期間に比べて短くなっている。

②　上場審査

企業は，上場にあたって，証券取引所が定める基準を満たしているかについての審査を受ける必要がある。上場審査では，形式要件に適合する企業に対して実質基準を満たすかどうかを確認する（東京証券取引所，2023a）。形式要件とは，上場する株式数や株主数，上場企業の利益額といった数値などで形式的に定められたものである。実質基準とは，企業内容などの情報を適切に発信することができる状況にあるかどうか，事業を公正かつ忠実に遂行しているかどうかといった基準を指す。

これら基準の詳細は，上場する市場によって異なる。**図表9－3**は，グロース市場とプライム市場の形式要件について比較したものである。

図表9－3　グロース市場とプライム市場の形式要件

項目	グロース市場の形式要件	プライム市場の形式要件
株主数	150人以上	800人以上
流通株式（上場時見込み）	流通株式数：1,000単位以上 流通株式時価総額：5億円以上 流通株式数（比率）：上場株券等の25%以上	流通株式数：20,000単位以上 流通株式時価総額：100億円以上 流通株式数（比率）：上場株券等の30%以上
時価総額（上場時見込み）	—	250億円以上
事業継続年数	1か年以前から株式会社として継続的に事業活動をしていること	3か年以前から株式会社として，継続的に事業活動をしていること
純資産の額	—	連結純資産の額が50億円以上（かつ，単体純資産の額が負でないこと）
利益の額または時価総額	—	次のaまたはbに適合すること a．最近2年間の利益の額の総額が25億円以上であること b．最近1年間における売上高が100億円以上かつ時価総額が1,000億円以上

（出所）東京証券取引所（2023a）および東京証券取引所（2023b）の「形式要件」をもとに作成

両市場の要件を比較すると，新興企業向けの市場であるグロース市場のほうが形式要件が緩やかであることがわかる。

次に，グロース市場の実質基準である上場審査の事項は以下のとおりである（東京証券取引所，2023b）。

(a)　ヒアリング（面談による質問および確認）

申請時に提出された書類をもとに上場審査基準との適合をチェックし，記載内容に基づいて3回程度行う。

(b)　実地調査

申請会社が工場などを有している場合，審査担当者が実際に赴き，事業内容の実態をより正確に把握する。

(c)　eラーニングの受講

上場に伴う責務や心構え，経営管理体制の整備，インサイダー取引の防止など，上場にあたって意識する必要がある事項について学習する。

(d)　**公認会計士へのヒアリング**

申請会社の監査を行っている公認会計士に対して，監査契約締結の経緯，経営者・監査役等とのコミュニケーションの状況，内部管理体制の状況，経理および開示体制等についてヒアリングを行う。

(e)　**社長面談・監査役面談，独立役員面談**

審査担当者が申請会社に赴き，社長（代表者，経営責任者）へのヒアリングを行う。この席では，会社や業界について，経営者としてどのようなビジョンをもって経営にあたっているか，上場会社となった際の投資者（株主）への対応（IR活動の取組み方針等），業績開示に関する体制および内部情報管理に関する体制などについてヒアリングを行う。

(f)　**社長説明会**

社長（代表者，経営責任者）を東証に招き，会社の特徴，経営方針および事業計画等について説明してもらい，それらに対する質疑応答等を通じて，上場の可否の最終的な判断に進めるかどうかの検討を行う。

(g)　**報告未了事項の確認**

上場申請後に，提出書類やヒアリングの回答書の記載内容に変更があった場合や，新たに記載すべき事項を認識した場合には，企業は速やかに報告する必要がある。また報告に漏れがないように，審査担当者は申請会社に対して報告未了事項の有無に関する照会を行う。

以上がグロース市場への上場審査の一連の流れである。グロース市場においてもこれだけの審査が行われており，プライム市場やスタンダード市場に上場する際にはより厳しい審査が行われる。

（4）公募価格の決定

公募価格とは，新規に公開する株式を投資家が購入する際の価格のことをいい，次のような決定方法がある。

①　**ブックビルディング方式**

証券投資への専門性が高い機関投資家などからの意見をもとに，公募価格を「○○円から△△円の間とする」といった仮条件を設定する。この仮条件を投資家に提示し，投資家は仮条件の範囲内で，購入したい価格，株式数を申し込む。

投資家による購入希望価格と株式数をもとに公募価格を決定する。

② **入札方式**

投資家が希望購入価格で申込みを行い，その状況に基づいて発行条件や発行価格を決定する。

近年は多くがブックビルディング方式によって決定される。株式が上場されると，株価が明らかとなる。上場後，初めてついた株式の価格は初値とよばれ，多くの場合，（初値－公募価格）/公募価格によって計算される初期収益率はプラスとなることが，国内外を問わず報告されている。では，なぜ初期収益率がプラス，つまりは初値が公募価格を上回るのだろうか。これについては，いくつかの説明がなされている。

可能性の１つは，公募価格が低すぎる（アンダープライシング）状態であったことである。これは企業が多くの投資家を引き付けるために，安価な公募価格を提示しているためと考えられる。また証券会社は，アンダープライシングを大きくすることで，公募・売出しが失敗に終わる可能性を引き下げている可能性もある。もう１つの可能性は，初値が高すぎるというものである。これは新規公開株に対して楽観的な評価を持っている投資家が多いことが考えられる。

このように，証券市場における投資家をはじめ企業，証券会社といった関係者の行動にはまだまだ解明されていないことが多い。現在ある理論をもとに関係者の行動を説明しようとするとき，理論に合わないケースがある。このように，ある理論と整合しない事象はアノマリー（変則的証拠）といい，数多くの未解決のアノマリーが報告されている。アノマリーの原因を探るため，人間の行動を心理学的側面から検討する行動ファイナンスの研究も盛んに行われている。

Column⓲　公認会計士

公認会計士は，投資家や債権者が，それぞれの意思決定の判断材料とする財務情報（たとえば財務諸表）について，独立した立場からチェック（監査）することによって，情報の信頼性を担保する役割を担っている。

こうすることによって財務情報が適切に作成されていれば，優れた事業内容をもつ企業は高く評価され，資金調達や事業展開においてより有利となり，ますます事業を拡大することができる。結果として優良な企業が残ることは経済全体にとっても望ましいことといえる。

公認会計士は，監査・会計の専門家として，独立した立場において監査証明を行うことを主たる業務としている。また，税理士登録をすることにより税務，株式公開支援業務，経営戦略の立案から組織再編（M&A）などコンサルティングの業務を行っている公認会計士も存在する。一般企業（証券会社，銀行，商社，製造業ほか），国および地方公共団体といった組織に所属し，経理業務やIR業務に従事している会計士もいる（日本公認会計士協会HP（https://jicpa.or.jp/）より）。

●参考文献

伊藤靖史・大杉謙一・田中亘・松井秀征. 2021.『会社法（第５版）』有斐閣.
東京証券取引所. 2023a.「新規上場ガイドブック（プライム市場編）」東京証券取引所.
東京証券取引所. 2023b.「新規上場ガイドブック（グロース市場編）」東京証券取引所.

第10章 外部からの企業分析：財務諸表分析

Story⑩　カフェチェーンの特徴を探る

地下鉄駅を出たところに，いつも人が多く入っている人気のカフェチェーンの店がある。やっとのことで実店舗を構えたが，今後の事業展開を考えるうえで，このカフェチェーンの経営がうまくいっている秘密を知りたい。家具や内装など店舗の様子や接客の様子などは実際に利用してみればわかるが，企業の内面，たとえば財務の面からこのカフェチェーンの特徴を探ることはできないだろうか？

①—企業分析の目的とプロセス

企業についての情報には，企業に所属する内部者が知っている情報と企業外部の人が知っている情報とがある。通常は内部情報のほうが質，量ともに優れていると考えられる。

企業外部の人が企業について知る必要がないのであれば，情報が内と外とで偏在することに問題はない。しかし，企業の経営活動が拡大するにつれ，企業と利害関係をもつ人の数が多くなると状況は異なる。たとえば，会社に資金を拠出している株主は，企業が利益の獲得に成功して多くの配当を支払ってくれるのか，債権者は負債の元本を返済しかつ利子を支払ってくれるのかを気にしている。また，従業員は自身の給料が支払われるのかに関心をもっているだろう。これらの利害関係者は，その目的に応じて企業についてより知りたいインセンティブをもち，情報を求める。

企業は利害関係者に対して，多種多様な情報を公開しており，企業のHPからもさまざまな情報を得ることができる。ただし，利害関係者の知りたいことをみてみると，共通していることは，経営活動が適切に行われ，十分な利益をあげているのか，どのような資産をどれくらい保有しているのかということである。そのため，会社法や金融商品取引法によって，企業の財政状態や経営成績を表す書面の開示が要求されていることはこれまでも述べたとおりである。

それでも企業外部の人間が，内部情報を知ることができる内部の人間よりも優れた情報を入手することは依然として難しい。そのため所与の情報をもとに，経営活動に関するより深い情報を得ようと，利用できる公表情報を最大限に活用して分析を行う方法が開発されてきた。その手法の主たるものが財務諸表分析であり，これは財務諸表の基本的な理解を基礎に，公表された財務数値を加工することによってさまざまな指標を計算し，企業の財務的な特徴を捉えようとするものである。財務諸表は会計基準にしたがって作成されているので，外部から入手できる情報のなかでは企業間の比較が行いやすいという特徴を有している。そこで，本章では，財務諸表をもとにした企業分析の方法を紹介する。

多くの利害関係者は各自の関心に基づいて企業分析を行う。分析の目的によって，用いられる方法やプロセスは異なるが，**図表10－1**のように，おおよそ次のような4つのステップが共通して行われていると考えられる（パレプほか，2001）。以下のプロセスからもわかるように，企業分析は，会計やファイナンスの知識だけでなく経営学のさまざまな分野の考え方も組み合わせて進められている。

図表10－1　企業分析のプロセス

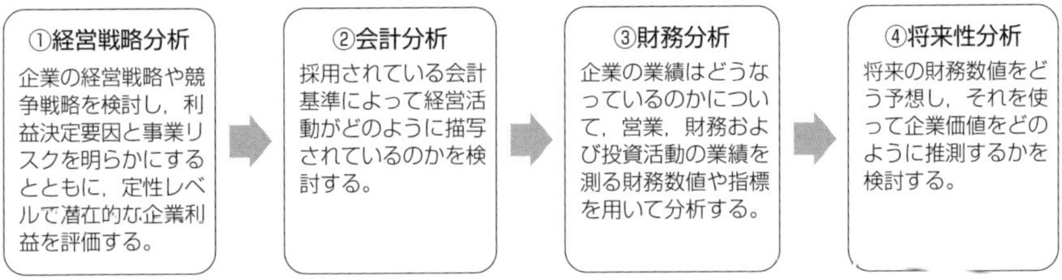

①経営戦略分析		②会計分析		③財務分析		④将来性分析
企業の経営戦略や競争戦略を検討し，利益決定要因と事業リスクを明らかにするとともに，定性レベルで潜在的な企業利益を評価する。	➡	採用されている会計基準によって経営活動がどのように描写されているのかを検討する。	➡	企業の業績はどうなっているのかについて，営業，財務および投資活動の業績を測る財務数値や指標を用いて分析する。	➡	将来の財務数値をどう予想し，それを使って企業価値をどのように推測するかを検討する。

（出所）パレプほか（2001）より作成

プロセスのうち，おもに②③が財務諸表をもとに行う企業分析であり，財務諸表分析の範囲となる。②について，企業は投資家から世界中の証券市場などを通じて資金を調達することができるが，資金の提供者に対して現地の会計基準にもとづいて企業の状況を説明する必要がある。ただし各会計基準はそれぞれの経済状況や慣習にしたがって制定されてきた経緯があるため，会計処理や表示において異なる点も多くある。近年では，国際会計基準との収斂が図られているが，独自の処理が残されている部分もあり，各国の基準は完全に同一のものとはなっていない。なお本書では，日本の会計基準をもとに説明を行っている。

基準内容の詳細については本書では取り扱っていないので，財務会計のテキストや各国の基準設定団体のHPなどを参照されたい。この章では主に③に焦点を当てているが，図表10－1からもわかるように会計分析が適切に行われて，はじめて財務分析を行うことができる。第４章，第５章において本章で必要となる財務諸表の基本的な読み方について解説しているので，適宜参照されたい。

Column⑲　さまざまな会計基準

企業が採用する会計基準は日本基準だけではない。資金調達をどの国の証券市場から行おうとするのかによって，財務諸表作成のために要求される会計基準は変わってくる。代表的なものは，米国会計基準と国際会計基準である。

多くの日本企業は米国市場において資金調達を行ってきたために，米国会計基準を採用する企業は比較的多かった。米国会計基準は，米国証券取引委員会（SEC：Securities and Exchange Commission）より会計基準設定主体として認められた財務会計基準審議会（FASB：Financial Accounting Standards Board）によって制定されている。

一方，国際会計基準は国際財務報告基準（IFRS：International Financial Reporting Standards）とよばれ，国際会計基準審議会（IASB：International Accounting Standards Board）によって設定される会計基準である。

米国，日本等では，自国基準とIFRSとの差異を縮小することによってIFRSと同様な会計基準を採用しようとするコンバージェンスが進められてきた。ところが欧州連合（EU）がEU域内上場企業の連結財務諸表にIFRS適用を義務づけ，域外上場企業にもIFRSまたはこれと同等の会計基準の適用を義務づけたため，IFRSを自国基準とするアドプションを表明する国が急速に増加した（日本公認会計士協会

HP「IFRSの基礎知識」)。

現在140を超える国と地域がIFRSを適用しており，適用が強制されていない日本では，2022年８月末時点で267社（適用予定会社を含む）がIFRSを適用している（金融庁，2022)。

---

❷—財務諸表分析

財務諸表分析は，一般に公表されている財務諸表の数値をもとに，企業の財務的な特性を分析する方法である。特性のうち，収益性と安全性の２つが代表的な視点といえ，今日に至るまでさまざまな手法が開発されている。

まず収益性分析とは，企業が所有する資産を活用して，どれほど効率的に利益をあげることができているかを測ろうとするものである。つぎに，安全性分析とは，企業が所有する債務を返済できるだけの余裕をどれほどもっているかに焦点を当てるものである。

以下では，どのように収益性や安全性を測定すればよいのか，代表的な指標について，これまでに出てきた財務諸表の読み方をもとに考えてみよう。注意が必要なのは，これら指標を計算すれば分析が終わりというわけではなく，測定された指標は比較することによってはじめて意味をなすということである。比較対象は分析の目的によって変わってくるが，大きく絶対的なものと相対的なものとがある。

絶対的なものとしては，会計やファイナンスの考えから理論的に導かれるものや，目標値として設定されるものである。たとえば，この後紹介する企業のもうけの効率性を示す収益性の指標ROEは10％を超えていると優良企業とされることが多く，この基準にもとづけば分析対象企業のROEが10％を超えるかどうかを検討することになる。

つぎに相対的な比較による方法として，同じ企業の異なる時点を比較する時系列分析と，同じ時点の異なる企業を比較するクロスセクション分析がある。たとえば**図表10－２**のように，Ａ社，Ｂ社，Ｃ社の20X1年から20X3年までのある財務数値が求められたとする。Ａ社の財務数値がこの３年間にわたって増加しているのか減少しているのかを検討するのが時系列分析であり，20X1年のA社，B社，C社の数値を比較検討するのがクロスセクション分析である。

図表10－2　財務指標の数値例

	A社	B社	C社
20X1年	50	150	120
20X2年	70	130	80
20X3年	80	100	10

クロスセクション分析においては，どのような企業を比較対象とするのかも考える必要がある。よく行われるのは同業他社間での比較である。同じ業界の企業は影響を受ける経営環境が同一であるため，比較検討の対象としやすい。そのため，同業他社の数値との比較だけでなく，業界の平均値と比較することも分析においては有効となる。

❸—収益性の分析

（1）資本利用の効率性

企業経営においては，どれだけ大きな利益をあげたかは重要であるが，それと同時に，投下された資本をもとにどれだけ効率的に利益をあげることができたかも重要である。ここでいう資本は，B/Sにおける資本金とは違う意味で用いられていることに注意が必要である。企業は元手である資本（この場合は，資金）を投下することによって資産を取得・保有し，それを経営活動に用いて利益を獲得しており，総資本と総資産の金額は等しいと考えられる。

資本利用の効率性は，利益の額を資本で割ることによって計算できる。つまりは資本￥１当たりからいくらの利益を生み出すことに成功しているのかが計算され，この値が高い企業ほど効率性が高いといえる。しかし，第５章でも学習したように，利益には営業利益，経常利益などさまざまな種類の利益が存在する。資本についても，同様に複数のものがある。どのような利益，資本の額を用いて計算するかは，利益と資本の性質をもとに両者の対応関係を考えて決定する必要がある。

（2）資本と利益の対応関係と収益性の指標

図表10－3は資本と利益との対応関係を示したものである。まず，資本は経営活動別に分類したものと資金調達源泉別に分類したものを，貸借対照表から確認することができる。次にこれら資本を用いて，どのような種類の利益が得られるのかを考えて収益性の指標について検討してみよう。

図表10－3　資本と利益の関係

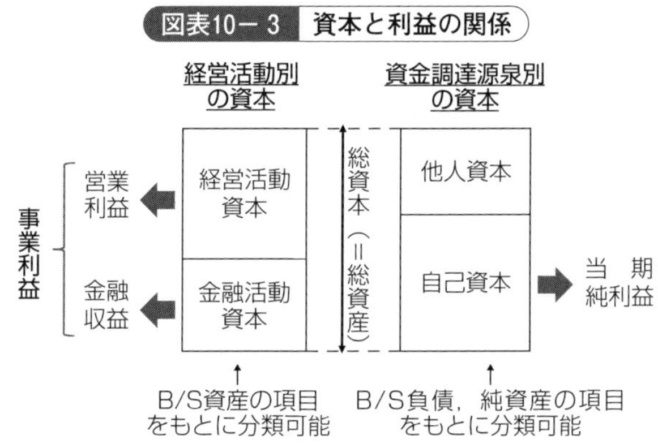

企業の事業活動は，経営活動と金融活動によって構成される。企業は原材料，機械や工場といった経営活動資本を用いて活動を行い，その結果として営業利益を得ることができる。また，金融活動からは受取利息，配当金に代表される金融収益を得ることができる。つまり，企業は経営活動資本と金融活動資本を用いて，事業利益（＝営業利益＋金融収益）を獲得することができる。そこでこれらを対応させて，企業全体からの収益性指標である総資本事業利益率（ROA：return on asset）が計算される。

$$\mathrm{ROA} = \frac{\text{事業利益}}{\text{総資本}}$$

また株主が拠出した資本である自己資本から得られた利益は当期純利益であり，両者を対応させて，株主資本を用いてどれだけ効率的に利益（当期純利益）をあげることができているかを測定した自己資本純利益率（ROE：return on equity）が計算される。

$$\mathrm{ROE} = \frac{\text{当期純利益}}{\text{自己資本}}$$

ROAは企業全体の視点からの，ROEは株主の視点からの収益性指標となっている。このように視点ごとに，資本と利益の対応関係に着目して収益性を測定することができる。

（3）収益性の分析

収益性の指標が計算でき，その高低が明らかになった場合，次の関心事はなぜそのような差が出てきたのかについてである。これを知る手がかりとして，利益率をいくつかの要素に分解することが考えられる。先のROAは，売上高を２つの分解要素の分母，分子とすることで，以下のように示すことができる。

$$\mathrm{ROA} = \frac{\text{事業利益}}{\text{総資本}} = \frac{\text{事業利益}}{\text{売上高}} \times \frac{\text{売上高}}{\text{総資本}}$$

これによりROAは，売上高のうちどれくらいの割合が利益になっているのかを示す利益率の部分（売上高事業利益率）とどれほど営業循環を回すことができたのかを示す回転率の部分（総資本回転率）との掛け算となっていることがわかる。複数のROAの高低を検討する場合には，各ROAを上記のように利益率と回転率とに分解し比較することによって，いずれの要素が影響を与えているのかを知ることができる。

同様の分解はROEについても行うことができる。

$$\mathrm{ROE} = \frac{\text{当期純利益}}{\text{自己資本}} = \frac{\text{当期純利益}}{\text{売上高}} \times \frac{\text{売上高}}{\text{自己資本}}$$

分解された要素のうち前者は売上高純利益率，後者は自己資本回転率とよばれ，分解の結果はROEの高低の原因を探る手がかりとなる。

考えてみよう ROAの分解

Q コーヒーを販売するＡ社とＢ社がある。両社のROA水準が同じとき，売上高事業利益率，総資本回転率が高いのはどちらだろうか。

Ａ社：原産地別のコーヒー豆を数多くそろえ，１杯ずつバリスタがいれる。人通りが少し少ない立地だが，広い店内に，ゆったりとくつろげるよう大きなソファがおいてある。

Ｂ社：Ａ社に比べてコーヒー豆の種類は少なく，１杯の値段も安い。場所は駅直結と利便性は良く多くの人が利用しやすいが，少し狭いため立ち飲みのかたちをとっている。

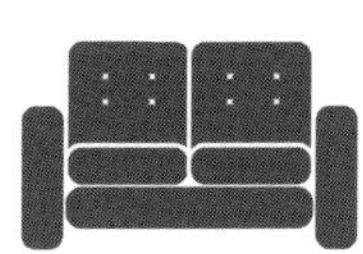

A 事業利益率が高いのはＡ社であり，１杯を売った時の利益（利ザヤ）を大きくして，あまり多く売れなくても利益が出るようにしていると予想される。一方，回転率が高いのはＢ社であると考えられる。これは利益をあげるために，数多く売る必要があるためである。

なお，ROEについては，回転率の部分をさらに２つに分解し，全部で３つの部分の積のかたちで表すこともできる。

$$\text{ROE} = \frac{\text{当期純利益}}{\text{自己資本}} = \frac{\text{当期純利益}}{\text{売上高}} \times \frac{\text{売上高}}{\text{総資本}} \times \frac{\text{総資本}}{\text{自己資本}}$$

各部分は前から，売上高純利益率（商品を売るごとに得られる利益（利ザヤ）の大きさ），総資本回転率（営業循環を年に何回繰り返すことができるか），財務レバレッジ（企業が使用する総資本額が自己資本の何倍に達しているか）とよばれ，２分解よりも詳しくROEの高低の原因を分析することができる。日本企業のROEが世界的にみても低いことは以前から指摘されているが，ROEの３分解から，日本は利益率が米国，欧州に比べて低いことが指摘されている（経済産業省，2014）。

❹―安全性の分析

収益性と並んでもう１つの代表的な視点は安全性である。安全性の指標とは，企業の財務構造や資金繰りが健全であり，債務不履行などの形で倒産に陥ることがないかを示すものである。より具体的には，債務の返済期限が到来したときに十分な備えがあるのかを，返済するために必要な資産をもっているか，必要な資金を準備できるかといった観点から分析するものである。これらに関連する指標は，貸借対照表から計算するものと，損益計算書から計算するものとがある。

図表10－４は，貸借対照表のどの項目に着目すれば安全性を測定できるのかを示したものである。

図表10－４　貸借対照表と安全性の指標

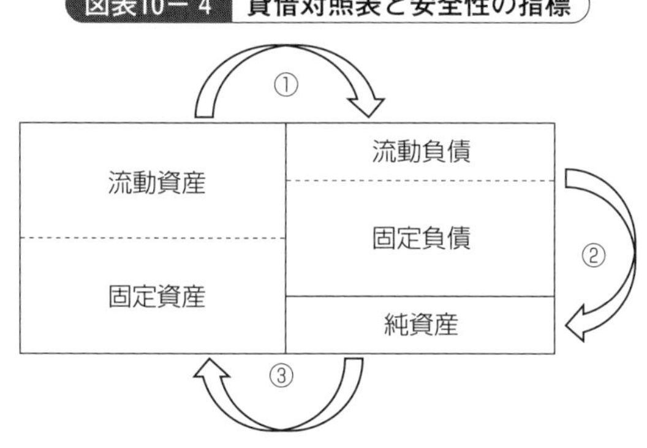

まず，①は他人資本のうち早期に返済を要するものである流動負債と，その返済に充当することのできる現金，預金といった流動資産との関係に着目したものである。その代表的な指標として流動比率があり，これは流動資産を流動負債で割ることによって求められる。流動比率の値が１を超えていれば，手持ちの流動資産を使うことによって，流動負債を返済できる状態にあることがわかる。

つぎに，②の矢印は，返済が必要な他人資本（負債）と自己資本（純資産のうち親会社の株主に帰属する部分）との関係に着目したもので，他人資本を自己資本で割った負債比率が代表的な指標である。負債比率が1を超えるとき，他人資本のほうが自己資本を上回っている状態といえる。

そして，③の矢印は，機械，建物などの固定的な資産に投下されている額とその資金の調達源泉とするべき長期的な資本との関係に着目している。当然のことながら，長期的に保有する必要のある固定資産は，長期にわたって返済の必要のない源泉からの調達がよく，固定資産を自己資本で割った固定比率がその様子を知る代表的な指標である。

次に損益計算書から計算できる指標として，インタレスト・カバレッジ・レシオ（ICR：interest coverage ratio）がある。これは，借入金の返済能力を評価するとき，利息を期日どおりに支払うことができるかに着目したもので，利息を支払うだけの十分な利益を事業活動から獲得できているかを測定するものである。

$$\mathrm{ICR} = \frac{\text{事業利益}}{\text{利息費用}}$$

ICRが1.0を超えるとき利息支払い後の利益はプラスとなり，もしICRが1.0を下回る場合は，利息費用が事業利益を上回っており，利息支払い後の利益はマイナスとなることを示している。ただし事業利益は，すべて利息の支払いといった金融費用に回すだけではないことを考えると，少なくとも1を上回ることは必要であり，できるならばより高い水準であることが望ましい。

貸借対照表は作成時点における企業の財政状態を表しており，そこから計算される指標も時点の情報となる。他方，損益計算書は一期間の経営成績を表し，そこから計算される指標は期間の情報であるため，会計期間を通しての企業の支払い能力をより明確に教えてくれるのはICRであるといえる。

財務比率の計算にあたっては，財務諸表の各項目の内容を理解し，それらをどのように対応させるのかが重要となる。

Column⑳　非財務情報の有用性

財務諸表分析は，財務数値を中心としたものであるが，企業価値評価という点からは財務数値以外の情報（非財務情報）も重要なインプットとなる。

たとえば，投資先企業の選択において，環境問題の対応（environment）や，地域社会との関係（social），ガバナンスのあり方（governance）などを考慮することが重要だとする考え方（ESG投資）が欧米の機関投資家の間で広がりをみせている。これら情報は，財務数値ではなく，文章や動画といった形式でしか手に入らない場合もある。

有価証券報告書の前半部分（有価証券報告書の記載内容については第14章図表14－1参照）も，文章による記載が多く，また財務とは関係しない数値情報も多くある。企業価値評価においては，財務数値とこれらの情報をいかにして統合するかが大きな問題となる。

●参考文献

大津広一. 2021.『ビジネススクールで身につける会計×戦略思考力』日本経済新聞出版社.

金融庁. 2022.「会計基準を巡る変遷と最近の状況」金融庁.

経済産業省. 2014.「「持続的成長への競争力とインセンティブ～企業と投資家の望ましい関係構築～」プロジェクト最終報告書」経済産業省.

桜井久勝. 2020.『財務諸表分析（第８版）』中央経済社.

Palepu, K., P. Healy, and V. Bernard. 2000. *Business Analysis & Valuation (2nd edition)*. South-Western College Publishing（斎藤静樹監訳. 2001.『企業分析入門（第２版）』東京大学出版会）.

第11章

株価はどのように決定されるのか

Story⑪　カフェチェーンの株価

市場で取引される株価は，インターネットでいつでも確認することができる。ある日の午前中，上場を果たしたあるカフェチェーンの株価をみていたら徐々に下落していった。どうしたのだろうかと思っていたら，今度は徐々に上昇に転じて元の株価になった。株価はどのような要因で変化するのだろうか？

1―株式売買のプロセス

株価はなぜ変動するのだろうか。それを考えるために，まずは証券市場における株式売買がどのように行われるのかをみてみよう。株式の売買と聞いて，読者が思い浮かべるのはニュースなどでみる証券取引所の様子ではないだろうか。とりわけ規模の大きい東京証券取引所は，ニュースでとり上げられる機会も多く，円筒状のガラス壁上部の電光掲示板に株価が表示され，その情報が次々に更新され流れていく映像をみたことがあるかもしれない。株価が刻々と変化している裏側では，どのような手続きが行われているのだろうか。

証券市場に上場された株式は，誰でも自由に売買することができる。売買希望者である投資家による株式の注文は，それを取り次ぐ証券会社を介して注文情報が市場に伝えられ，市場のシステムにおいて売買される価格や数量が決定され売買が成立（約定）する。

私たちが個人的に株式を購入しようとする場合，まず取引をする証券会社を自分で選択する必要がある。次に，企業分析などをもとに，売買したい企業の株式の売買希望価格（気配価格）および数量を決定する必要がある。価格，数量については，両方を指定する指値注文と数量のみを指定する成行注文のいずれかを出すことになる。つまり投資家が出すことができる注文は，売り指値，買い指値，売り成行，買い成行の４パターンとなる。

投資家から出された指値の売買注文は，売買希望価格である気配価格ごとに売買を希望する数量を表示した一覧表（板とよばれる）に現れ，それによってすべての投資家は市場に出された売買注文の様子を観察することができる。**図表11－１**は板の様子を表している。

図表11－１ 板の例

売り手
できるだけ高い価格で売りたい。

売り注文株数	価格	買い注文株数
	501	
①1,500	500	
②2,500	499	
③1,000	498	③1,000
	497	②2,500
	496	①2,000
	495	

買い手
できるだけ低い価格で買いたい。

投資家は，証券をできるだけ低い価格で買い，高い価格で売りたいと考えるのが一般的である。そのため，板には買い気配価格に比べて相対的に高い売り気配価格が提示されているのが普通である。図表11－１を用いて説明すると，まず板に①の売り注文（価格500，株数1,500）と買い注文（価格496，株数2,000）だけがある状態から取引が始まったとしよう。板の様子をみて，②のように売り注文の価格を下げ，買い注文の価格を上げる投資家が出現するが，これでも取引は成立しない。さらに次の段階で，③のように価格498での売りと買いとを出した投資家がいるときその価格で売買が成立し，該当する数量（株数1,000）が板から消え株価が決定される。

このような価格決定方式はザラバとよばれる。取引は，午前中に行われる前場と午後に行われる後場の時間帯に行われ，各場の最初と最後の取引は後述する板寄せ，取引が開始されればザラバとそれぞれ異なった価格決定方式によって取引が行われる。

板寄せは，投資家から受けた注文を一括して処理する方法である。東京証券取引所では，前場は取引開始の１時間前，後場は取引開始25分前から注文を受け付けており，取引開始時刻にはさまざまな価格帯で売り注文と買い注文が交錯した状態となる。このような状況では，板寄せによって，売買注文を一定の基準による優先順位の高いものから順次対応させながら，数量的に合致する値段を求め，その値段を約定価格として売買契約を締結させる。板寄せによって始値（=約定価格）が決定されると，ザラバへと移行して売買が行われる。

ここで紹介した一連の手続きは，東京証券取引所を想定したものであり，手続きは取引所によって異なる部分もある。とくに海外の取引所の手続きは相違する点が多く，手続きシステムが投資家行動に与える影響は大きいといえる。

Column㉑　アルゴリズム取引

本書での説明は，証券市場における投資家が人間であり，その意思決定プロセスについても人間の思考・行動方法を前提としている。ただし，近年の証券取引所の取引システムの高速化や投資家がもつ情報処理能力の向上によって，用いられる投資戦略にも変化が生じている。その代表例があらかじめ投資戦略をコンピュータのプログラム（アルゴリズム）に落とし込み，高速で売買取引を繰り返す高頻度取引（HFT：high frequency trading）である。

1999年４月30日に閉場した東京証券取引所の立会場ではかつて，投資家が出した売買注文を証券会社が取り次ぎ，場内の担当者が手サインを使って売買注文のやりとりをする光景がみられていた。その当時に比べると，証券取引の執行にかかる時間は大幅に短縮されており，HFTの場合，ミリ秒（１/1000 秒）単位での執行が可能である。ただしHFTは，短時間で大量の売買を行うため，市場の価格形成に与える影響が大きいことが懸念されており，近年ではそれを規制しようとする動きも出てきている。

高度化したアルゴリズム取引によって，市場取引の効率性が究極まで高まっていくのか，人間の果たす役割はどのようなものになっていくのかなど興味は尽きない。

❷─株価の時系列推移

投資家による売買の意思決定の結果として企業の株価は日々変動している。一方で日本の経済全体がどのように評価されているのかは市場全体を見渡す必要があり，その指標として，日経平均株価や東証株価指数などがある。日経平均株価は，東京証券取引所プライム市場に上場する約2,000銘柄の株式のうち225銘柄を対象にその平均値を計算している。また，東証株価指数（TOPIX：Tokyo stock price index）はプライム市場を中心とした上場銘柄の時価総額合計を，基準日である1968年１月４日の時価総額を100として，企業分割，新規上場・上場廃止などの影響を考慮し，指数化したものである。

これらの動きをみると市場全体として日本企業の株式がどのように評価されているのかがわかる。**図表11－２**は，1970年から2020年までの日経平均株価の終値の推移を示したものである。

図表11－２　日経平均株価の推移

（出所）日経NEEDS-FinancialQUESTより作成

グラフからいくつか特徴的な変化をとり上げてみよう。まずは，1980年代中ごろから始まり，1989年12月29日には3万8,915円という史上最高値をつけ，そこからの急激な下落（いわゆるバブル崩壊）が目に留まる。1985年9月には，過度なドル高の是正を目的に，外国為替市場での協調行動への合意（プラザ合意）がなされた。合意に基づき各国はドル売りを行い，合意前は1ドル240円台だったドル円レートは，年末には1ドル200円台，1987年末には1ドル120円台となり，急激な円高によって日本の輸出は鈍り，一時的に円高不況に陥った。この対応策として，政府が積極的な公共投資を行い，日銀も低金利政策などの金融緩和を打ち出したため，株式市場や不動産市場に資金が流れ込み，空前の財テクブームとなった。しかし，その反動でバブルが崩壊し，銀行では北海道拓殖銀行，日本長期信用銀行，日本債券信用銀行，証券会社では山一證券，三洋証券などの経営破綻が起こった。

2008年9月には米国の大手投資銀行リーマンブラザーズが破綻し，経済は大混乱に陥った（リーマンショック）。その後も，株価は下がり続け，2009年3月10日にはバブル後最安値7,054円98銭となった。

このように株価変動の背景には，ミクロ・マクロさまざまな要因があることがわかる。では，投資家はこれら要因をふまえてどのように取引を行っているのであろうか。

❸—誰が株式を売買するのか

株式の売買のプロセスは前述のとおりだが，実際に株式を売買しているのはどのような人なのだろうか。最もイメージが湧きやすいのが個人投資家ではないだろうか。これ以外に投資家には，規模が大きい法人投資家である機関投資家がいる。たとえば生命保険会社，損害保険会社，信託銀行，普通銀行，信用金庫，年金基金，共済組合，農協，政府系金融機関などが機関投資家の例であり，大量の資金を使って株式や債券の運用を行うため，市場に与える影響は非常に大きい。株式を売買した結果，誰が株式を保有しているのかを表しているのが**図表11－3**である。

図表11－3　株式保有者比率の推移

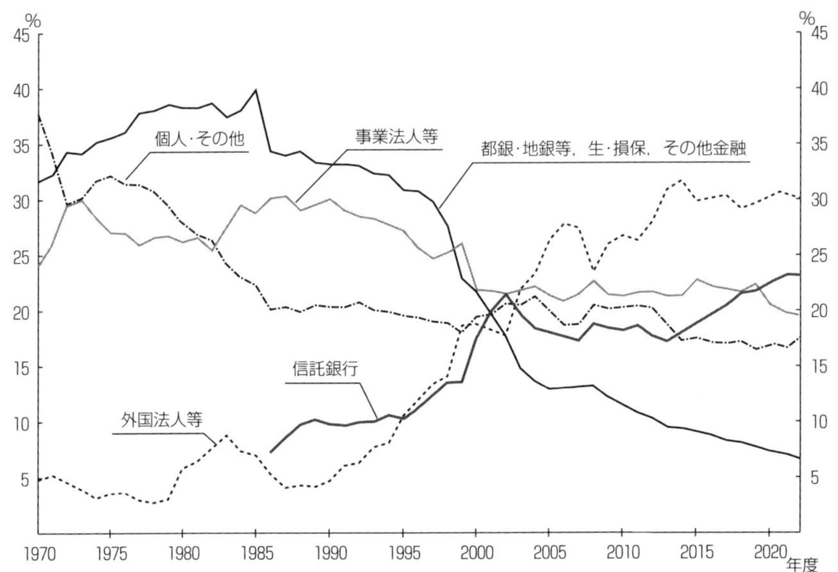

（注）1．1985年度以前の信託銀行は，都銀・地銀等に含まれる。
　　　2．2004年度～2021年度まではJASDAQ上場銘柄を含む。2022年度以降は，その時点の上場銘柄を対象。

（出所）日本取引所グループ（2023），図4「主要投資部門別株式保有比率の推移」

図表11－3では，都銀，地銀，生保，損保，その他金融の保有割合が年々低くなる一方，外国法人や信託銀行の保有割合は増加を続けている。また，これ以外の事業法人等や個人・その他については緩やかに減少している傾向を確認することができる。

❹—証券投資の意思決定

証券投資の意思決定をするにあたってはいくつかの分析方法があり，テクニカル分析とファンダメンタル分析とがその代表的な方法である。

テクニカル分析とは，過去の証券価格の動きの特徴をもとに，将来の証券価格を予想しようとするものである。たとえば，一定期間の証券価格の平均値をグラフにしたものは移動平均線とよばれ，平均線が上向きの場合は市場が上昇傾向に，下向きの場合は下降傾向にあるものと判断される。株式投資においては，株価変化は投資家行動の結果として起こったものであり，過去に起こったパターンは将来も同じように起こる可能性が高いとの考えがテクニカル分析の背後にはある。

一方，ファンダメンタル分析とは，財務状況，業績等に基づいて企業の本質的な価値を分析する方法であり，その代表的な手法として財務諸表分析（第10章参照）がある。財務諸表分析は，財務数値をもとに安全性，収益性の分析を中心に行われる。これら分析については第10章ですでに紹介したので，ここでは財務数値と市場数値とを組み合わせた指標を２つみてみよう。

株価収益率（PER：price earnings ratio）は，株価を１株当たりの当期純利益で割ることによって求められ，株価が利益の何倍になっているのかによって，株価が割安か割高かを判断するための指標である。同業他社や自社の過去の数値と比較して，PERが高いと利益に比べて株価が割高であり，低ければ割安であると考えられる。

株価純資産倍率（PBR：price book-value ratio）は，株価を１株当たりの純資産で割ることによって求められ，株価が純資産の何倍になっているのかによって，株価が割安か割高かを判断するための指標である。純資産は，会社を解散した場合に残る実質的な資産の部分であり解散価値ともよばれる。つまりPBRは会社の実質的資産と現在の株価との比較であり，PBRが大きいほど割高，小さいほど割安であることを示す。

証券投資の分野において，ファンダメンタル分析のように，「高度の専門知識と分析技術を応用し，各種情報の分析と投資価値の評価を行い，投資助言や投資管理サービスを提供するプロフェッショナル」（日本証券アナリスト協会HP）が証券アナリストである（Column㉒参照）。アナリストはその目的に応じ，証券を販売する証券会社に所属し，産業・企業調査をもとに個別証券の分析・評価を行い顧客に提供するセルサイド・アナリスト，さまざまな証券を組み合わせて購入する機関投資家に所属するバイサイド・アナリストに分類されるが，用いる企業評価手法は基本的に同様のものである。

アナリストの企業評価はつぎのステップを経て行われるのが一般的である（経済産業省，2007）。

① **マクロ分析**

国内外の政治経済に関する大局的な動向をふまえて分析を行う。具体的には個人消費や設備投資，公共投資，輸出入の動向などのGDP需要項目を押さえ，分析対象企業がこうしたマクロ経済の動きとどのように結びついているのか，またどの程度の影響を受けるのかを見積もる。

② **産業分析**

当該企業が属する業界のマーケット動向調査および業界構造（競争環境や取引慣行など）の分析を行う。

③ **企業分析**

産業分析で把握した業界の市場動向および業界構造をふまえて，当該企業はどのようなかたちで競争優位を築いているのかを分析する。

④ **業績予測**

ステップ①②③をふまえ，公表された財務諸表および個別に入手した私的情報をもとに，将来業績の予測を行う。この際，無形資産に関する情報などは定性情報をもとに定量情報に変換され反映されることがある。

⑤ **金融資本市場分析**

企業価値を決定する要因として，企業業績の動向に加え，企業が資本を調達するために支払うコストである資本コストの分析を行う。資本コストについては，次節でとり上げるが，事業の収益性が資本コストを上回るときに，企業価値が創造されると考えられる。

Column㉒ 証券アナリスト

証券アナリストは，証券投資の分野において，高度の専門知識と分析技術を応用して，各種情報の分析と投資価値の評価を行うことにより，投資助言や投資管理サービスを提供する。たとえば以下のような業務を行う（証券アナリスト協会HP)。

① **株式アナリスト業務**

個別株式銘柄の評価・選定を行う際に，企業の財務諸表などを分析して収益性や成長性を評価するスキルが求められる。

② **資産運用会社などにおける運用業務（ファンドマネジャー）**

株式や債券ポートフォリオの組成や個別銘柄の売買判断を行う際に，経済分析や証券分析（個別銘柄分析），ポートフォリオ管理の知識が必要となる。

これ以外に証券アナリスト資格を取得した人々は，証券会社，銀行，保険，運用会社等の金融機関はもちろん，一般事業会社においても企業の投資家向け広報担当者や財務担当者，経営企画，システムエンジニア，監査役などさまざまな分野で活躍している。

図表11－4　証券アナリストの活躍分野

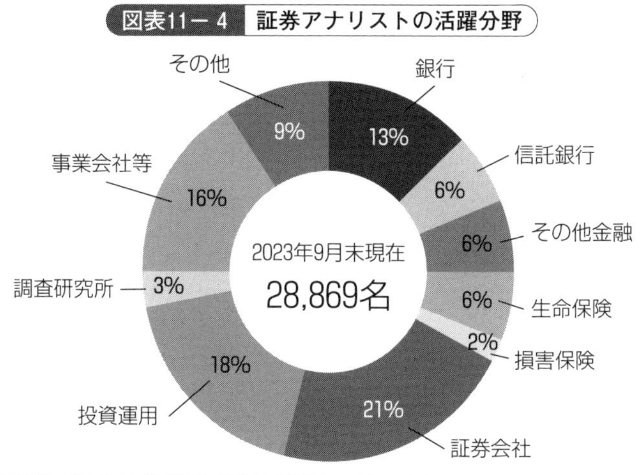

（出所）日本証券アナリスト協会HP「CMA資格リーフレット」

❺—株式による資金調達コスト

（1）資本コスト

企業外部からの資金調達方法には，銀行など債権者からのもの（負債）と株主からの払込みとがあり，その見返りとして少なくとも前者は利子，後者は配当を支払うのが普通である。つまり，資金を調達するためにはコストがかかっており，負債による調達にかかるコストを負債コスト，株主からの調達にかかるコストを株主資本コストとよび，これらを合わせたものを資本コストという。両者の特徴は，次のようにまとめられる。

① 負債コストは契約により利子率が決定しており固定的である。たとえば，銀行からの借入時に支払う利子率を年２％として事前に契約した場合は，負債コストは２％と考えられる。
② 株主資本コストは株主の要求により決まるため，変動的である。たとえば，株主資本コストの一部である配当について，株主は企業状況を判断して，要求する配当の額を変化させる。

近年の傾向として間接金融から直接金融へという流れがあり，資金調達における株式調達の増加，さらには外国の個人投資家や機関投資家（物言う株主）の増加がある。株主にとっての関心事の１つは，企業がどれほどの利益を上げ，そこからどれだけの配当を支払うことができるかである。この観点にたつと，株主が重要視する指標は株主視点での収益率ROEであり，関心の多くがこれに注がれてきた。つまり企業の立場からは，株主の要求する株主資本コストを超えるROE水準を達成しなければならないということになる。

（２）日本企業の株主資本コスト

では日本企業はどれほど株主資本コストを意識した経営を行っているのだろうか。機関投資家として多額の資金を市場に提供している生命保険会社の業界団体が，投資家と投資先となる上場企業に対して行ったアンケートの結果（生命保険協会，2023）をみてみよう。

まず，株主資本コストを算出している企業の割合は，2018年度には51%だったのに対して，2022年度は66%となり，着実に増加はしているものの未だ資本コストを算出していない企業が34%ある。

また，投資家の９割がROE水準８％以上を期待しているが，上場企業の５割のROE水準が８％未満であるという現状がある。投資家は企業との建設的な対話を行うのに重要な項目として，まず経営戦略・ビジネスモデル，サステナビリティ（環境・社会課題への取り組み），コーポレートガバナンス（第13章参照）を挙げている。そしてこれらに次ぐ重要性をもつものとして経営理念・ビジョンとならんで資本コストを含む財務戦略を挙げている。投資家の期待とのギャップを埋めるには，まずは株主資本コストを意識し，それに基づいて企業行動を決定していかなくてはならない。

また詳細な株主資本コストを算出している企業にその水準を尋ねたところ，６％台が最も多く（サンプル企業のうち23％），そこから高（低）水準の資本コストになるほど企業数も減っている（**図表11－５**）。

株主資本コストは，株主の期待（要求）を反映している株式市場のデータを用いて推定する方法が主流となっている。推定においては，株主が負担するリスクとその見返りとして要求されるリターンの関係を表した資本資産評価モデル（CAPM：capital asset pricing model）を用いることが多いが，これ以外の方法も提案されており，現在でもモデルの開発は続いている。

図表11－５　株主資本コストの分布

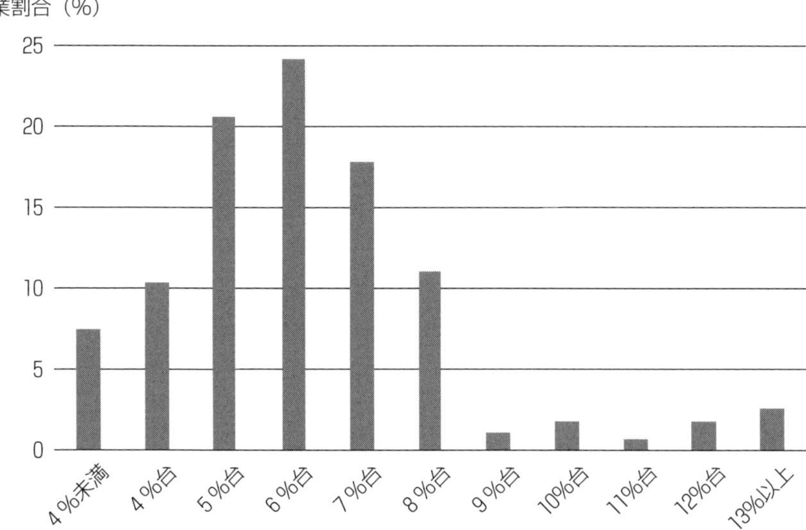

（出所）生命保険協会（2023），48頁⑷より作成

●参考文献

経済産業省. 2007「知的資産経営報告の視点と開示実証分析調査」経済産業省.

生命保険協会. 2023.「生命保険会社の資産運用を通じた「株式市場の活性化」と「持続可能な社会の実現」に向けた取組について」生命保険協会.

日本取引所グループ. 2023.「2022年度株式分布状況調査の調査結果について」日本取引所グループ.

第12章

企業の再編

Story⑫　さらなる成長に向けて

実店舗のコーヒーチェーンは順調に拡大している。これから，一気に事業を拡大する方法として，社債や株式の発行によってさらなる資金を調達して機材を買い入れ，従業員を雇って自分で事業を展開していく方法もあるが，すでに他の企業によって成功している事業を譲り受ける方法もあるのではないだろうか？ このような方法にはどのような特徴があるのだろうか？

❶—企業再編とは

企業は事業計画や経営環境に応じて，必要な事業を始めたり，その逆にやめたりすることもある。これにあわせて企業組織を変更することを組織再編といい，企業は状況に応じてさまざまな手法を用いて組織再編を行っていく必要がある。

たとえば，新しい事業を開始するにあたって多額の資金が必要となれば，これまでみてきたような方法で資金調達を行い事業をはじめ，徐々に組織は拡大していく。ただし，資金の調達がうまくいったとしても，1から事業をはじめるにはかなりの労力を要する。なぜなら事業を行うには，資金以外に，従業員の雇用，取引先との関係の構築や製品製造のノウハウの蓄積など多くの経営資源（第1章参照）を獲得するための努力が必要となるためである。

これらを一挙に手にいれる方法として，すでに事業化に成功している組織（企業や事業部門など）をそのまま自分の組織に迎え入れることが考えられる。これを達成する代表的な方法として，複数の法人その他の事業体が1つになる合併（mergers）や買収（acquisitions）または組織を分ける分割がある。これらはまとめてM&A（mergers and acquisitions）とよばれる。なおM&Aには資本移動のない業務提携も含める場合もあるが，本章ではこれは除いている。

図表12－1は1985年以降のM&A件数の推移を表したものである。2006年まではほぼ右肩上がりで増加したM&A件数も，2007年ごろからのサブプライム住宅ローン危機やリーマンショックの影響を受けて減少し，近年では再び増加の傾向にある。図表12－1では時系列でM&Aの主体別に，日本企業同士のM&A（IN-IN），日本企業による外国企業のM&A（IN-OUT），外国企業による日本企業へのM&A（OUT-IN）の占める様子が描かれている。全期間をとおして，日本企業同士のM&Aが７割ほどの多数を占めていることがわかる。このように近年において，M&Aは企業再編の重要な手段となっている。

図表12－1　M&A件数の推移

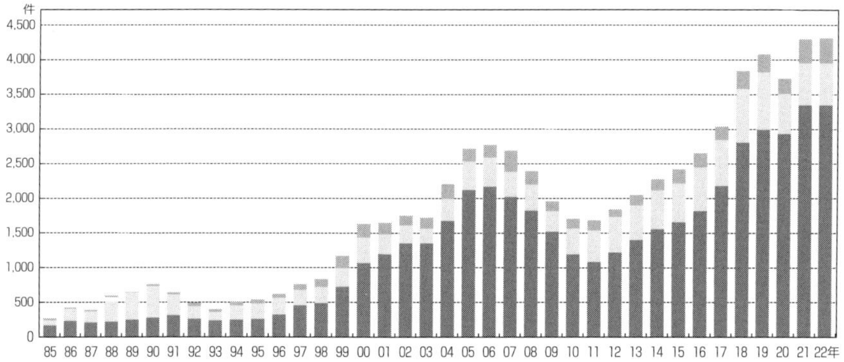

（出所）レコフデータHP,「グラフで見るM&A動向」

❷—M&Aの目的

企業がM&Aを行うのは，合併・買収後の企業価値が合併・買収前の企業価値合計を上回るようなシナジーが発生すると期待されるためである。利益20の企業Ａと利益40の企業Ｂが新設合併し企業Ｃとなり利益80をあげたとき，経営環境など業績に与える影響が一定ならば，合併によるシナジーが影響を与えたのは20の利益部分と考えられる。

利益は収益から費用を引いたものであり，シナジーの発生要因は収益の向上と費用の削減に影響を与える部分に分けて考えることができる。収益の向上は，たとえばそれぞれの企業がもっていたノウハウや技術を結びつけることにより新製品が開発されることによって達成される。あるいは，製品ラインナップを再編することによって充実させたり，販売網を拡充させ販路を拡大させることなどによって達成される。また，同じ製品市場にいる会社を買収した場合には，市場支配の程度が高くなり，販売価格の決定がしやすくなり売上増につなげることができるかもしれない。

一方の費用の削減は，たとえば，同じ製品を製造するＡ社とＢ社が合併した場合，Ａ社とＢ社の両方の機械を使用して大量に生産することによって製品１個当たりのコストを低減させることができる。これを規模の経済という。また製造設備そのものについては，合併した場合に，一方の企業が所有していた機械をもう１つの会社と共同で使用することができる場合には追加で機械を購入する必要がなくなり費用が削減される。

税金も企業が支払うべきコストであると考えると，黒字企業と赤字企業とが合併した場合には，税金の額を低く抑えることができる。税金の額は利益額をもとに計算され，利益額が大きくなるほど税金の額も大きくなる。合併によってプラスとマイナスの利益が相殺されれば，合併前に企業がバラバラに払っていた額の合計と比べて，支払う税金の額は低くなる。

ただしM&Aを行えば上述のようなシナジーが必ず得られるわけではない。これを阻害する要因としては企業文化の違いが挙げられる。経営理念や組織体制，人事体制が異なる企業が１つになるにはこれらを調整していく必要があるが，これらの背後にある長年にわたって培われてきた企業文化を変えることは難しい。M&Aが行われた後に組織が長期的に高い業績をあげていくことができるかは，このギャップをいかに解消できたかにかかってくる。

ここまで述べたのは事業を譲り受け存続する側からのM&Aの目的であるが，事業を譲り渡す側からは事業承継を行うという目的もある。経営者の高齢化にともない，日本企業の多くが後継者不足という問題に直面しているが，M&Aによって事業を第三者に承継することで事業を存続させることができる。このとき譲受企業に資産だけでなく従業員も引き継いでもらうことで雇用も継続することができ，譲り渡す側としても満足度の高いM&Aとなる。

❸—M&Aの手法と会計処理

M&Aの手法にはさまざまあるが，大きく合併（吸収合併，新設合併），買収（株式取得（株式交換，株式移転），事業譲渡），分割（吸収分割，新設分割）がある。

会社法によると，合併とは２つ以上の会社が法的に１つの会社となることをいう。合併には，**図表12－２**に示すように２つのタイプがあり，新会社（C社）を設立して，そこに各会社（A社，B社）が参加する新設合併と，ある会社（D社）が存続し，そこに他社（E社）が吸収される吸収合併とがあるが，ほとんどは吸収合併が行われている。

図表12－２　合併の種類

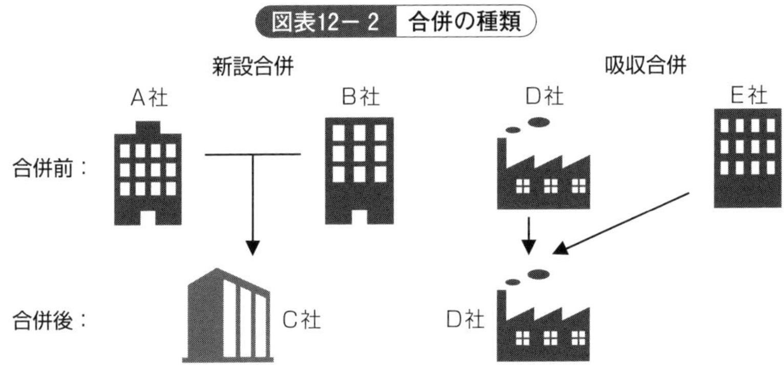

合併という企業行動を会計はどのように描写するのだろうか。会計は，事象の経済的実態に基づいて会計処理を考える。ここで合併の実態にはどのようなものがあるか考えてみると，企業の一方が他方に対する支配を獲得するような場合と各企業が共同で企業を支配するような場合とが考えられる。前者の場合は，あたかも企業を購入したかのような会計処理となることからパーチェス法とよばれる。一方，後者の場合はそれぞれが保有する財産を持ち寄るような会計処理（持分プーリング法）を行うこととなる。合併の性質については少なくとも２つのパターンが考えられそうだが，国際的な会計基準では持分プーリング法が当てはまる事例はほとんど生じないため同法については廃止し，パーチェス法によって処理することとしている。日本の基準においても，ごく限ら

れた場合を除いて，パーチェス法が適用されている。以下，簡単にパーチェス法による会計処理の概要を吸収合併のケースをもとにみてみよう。

ケース　吸収合併

合併時における財政状態が以下のようなＢ社をＡ社に吸収合併することとなった。その際，Ｂ社の株主に合併の対価として120万円を支払った。

図表12－3　Ｂ社の貸借対照表

貸借対照表　（単位：万円）

資産		負債	70
	170	純資産	100

このとき，Ｂ社が保有する真の資産の額は，資産170万円から返済の必要のある負債70万円を引いた純資産100万円となると考えられる。この額は，もし会社を解散したとすると同額が残るため解散価値ともよばれる。貸借対照表において100万円の価値があるものに対して，Ｂ社は120万円の支払いをしていることになる。この差20万円は何を意味するのだろうか。

このように企業を買収するときには，支払い額と帳簿価額とに差異が生じるのが普通である。これは，その企業（ここではＢ社）がもつ知名度や技術力など貸借対照表には現れていない資産が存在すると買い手（ここではＡ社）が考えるためである。この差異の部分は「のれん」とよばれ，合併後の貸借対照表にその項目が現れる。

結果として，吸収合併後のＡ社の貸借対照表には，Ｂ社の資産，負債が引き継がれるとともに，のれんが資産として計上されることとなる。

合併では法律上２つの会社が１つの会社になるが，そのような変更を行うことなく，合併のときと同様の経済効果を生じる取引として株式交換や株式移転がある（桜井，2020）。株式交換は，Ｐ社がＳ社の株主からＳ社株式の全部を受け取るのと交換に，Ｐ社株式を交付する制度である。これによりＳ社はＰ社により議決権の100％支配を受ける完全子会社となり，Ｐ社は完全親会社となる。なおＰ社が新設会社の場合をとくに株式移転とよぶ。

❹—友好的買収と敵対的買収

通常M&Aは，買収側の企業からの提案によってはじまるが，それまでの買収側と買収される側との関係性や提案内容によってその後の手続きは変わってくる。各会社が良好な関係にあり，提案内容について双方の意見がとり入れられ取締役会での合意が得られていれば，手続きはスムーズに進むだろう。このような場合は，友好的買収とよばれ，吸収合併や株式交換などの手段によって行われ，買収後の企業運営も比較的円滑に進むと考えられる。

一方，両者の関係が良好でなく，またM&A案で提示された条件が買収される側の取締役会にとって納得のいくものではない場合がある。このとき敵対的買収と呼ばれ，その後の手続きも困難となることが多い。このような場合に，経営権の取得のために用いられる方法の１つが，株式の公開買付（TOB：take-over bid）である。

TOBとは,ある企業の株式を大量に取得したい場合に，買付目的，買付価格，買付予定株数，買付期間などをWeb（金融庁による電子開示システムであるEDI-NET）や新聞等を通じて公告したうえで，不特定多数の株主から大量に株式市場外で株式を買い付ける方法である。買収される側は公告によってM&Aの事実を知ることもあり，公告が行われてから10営業日以内に，公開買付に関する意見を提出する必要がある。前述の意見に質問が含まれている場合には，買主は５営業日以内に回答を提出しなければならない。これにより売り主・買い主の主張が明確となり，株主をはじめとする投資家が投資判断を行ううえで重要な資料となる。

既存株主は買付の条件をもとにTOBに応じて株式を売却するか，応じずそのまま保有するかを検討することになる。意思決定において最も高い関心事であろう買付価格は，既存株主が売却に応じてくれそうな価格である，公示前株価に２割から３割増しの金額が設定されることが多い。

買い主は公開買付期日が終了次第，応募があった株式数など法律で定められた事項を公告し，同様の事項を公開買付報告書に記載して提出しなければならない。報告書の提出によって，TOBの結果が明らかとなり，公開買付の手続きは終了となる。

このように経営陣がM&A案に賛成か反対かによって友好的，敵対的買収とよばれ，それに応じて取られる手続きも変わってくるが，これはM&Aの良否を表すものではない。たとえば敵対的買収であっても，買収の結果，企業組織の運営効率化が図られれば企業価値が高まり，株主の観点からは良いM&Aと考えられることもある。

⑤―敵対的買収の防衛

買収される側の経営者としては，一方的に相手企業に買収される敵対的買収は避けたいと考える。そのために，買収される側にはさまざまな予防・対抗策が存在する（**図表12－4**）。基本的には，買収者の株主総会での議決権比率を増やさせないまたは低下させる，または買収される企業の価値を低下させることによって買収意欲を低下させる方法が考えられる。敵対的買収については平常時からその対応を考え予防策を講じておくことが重要であるが，実際に敵対的買収を仕掛けられたときには緊急の対抗策が必要となる。

図表12－4　敵対的買収の予防・対抗策

	予防策	緊急の対抗策
議決権比率を増やさせないまたは低下させる	・企業価値の向上 ・株式の非公開化 ・ライツ・プラン ・黄金株	・増配 ・ホワイトナイト ・第三者割当増資
企業価値を低下させる	・ゴールデンパラシュート ・プット・オプション ・チェンジ・オブ・コントロール条項	・クラウンジュエル ・パックマンディフェンス

（出所）榊原ほか（2023）表14-4，梅田（2005）図表1，図表2より作成

（1）予防策

一番の予防策は，適切な経営戦略を遂行し企業価値を上げ，そのことを株主に知らせることによって株価を高水準で維持することである。株価が高ければ買収にも多くの金額が必要となり買収が難しくなる。また好業績かつ情報を開

示するという姿勢は株主をつなぎとめることにつながる。

また，そもそも株式の公開をやめるという方法もある。現在の経営陣が自社株を購入するマネジメント・バイアウト（MBO：management buyout）による非公開化がその代表的な方法である。企業買収に必要となる資金は買収者（この場合は経営陣）が出すのが普通であるが，MBOに必要な資金は多額となることが多く経営陣のみが負担することは困難となる。そこで，自社で保有する資産などを担保に入れて，買収資金を金融機関や投資ファンドから借りることによって調達するレバレッジド・バイアウト（LBO：leveraged buyout）が行われる。

ライツ・プランは，買収者が一定割合の議決権を取得した場合に，それ以外の株主が市場価格より安く株式を取得できる権利をあらかじめ付与しておき，買収者の持株比率を低くする予防策である。実際にこの予防策を行うまで，配当負担，議決権割合の変更といったコストが発生しない点が長所である。

黄金株は，企業の合併・取締役選解任など重要議案に拒否権がある種類株式であり，これを友好的な株主に付与しておく方法である。

買収時の企業価値の低下をねらう策としては，ゴールデンパラシュート，プット・オプション，チェンジ・オブ・コントロール条項などがある。

ゴールデンパラシュートは，役員または従業員が買収後に解任された場合，通常の退職時に比べ多額の退職金を支払う契約を前もって結んでおくことによって，買収時の企業価値を下げようとするものである。

またプット・オプションは，銀行借入などを行う際に，支配権が変わった場合は一括弁済を請求できるといった条項を付したり，チェンジ・オブ・コントロール条項は重要な契約に，支配権が変わった場合には相手方が契約の破棄・見直し等をできるといった条項を入れたりすることによって，買収時の企業価値低下をねらうものである。

（2）緊急の対抗策

緊急時には企業は増配，ホワイトナイト，第三者割当増資，クラウンジュエルやパックマンディフェンスなどによって対抗する。

株主への配当額を増やすことによって株式の魅力を高め，株価を引き上げることによって買収コストを高めることができ，議決権の獲得を難しくすることができる。

また，ホワイトナイトとは，友好的な第三者に敵対的買収者よりも有利な条件で株式公開買付（TOB）を行ってもらうというものである。第三者割当増資は，増資によって買収者の持株比率を薄め，安定株主の増大をねらうものである。これ以外には，買収者にとって重要な事業や資産（クラウンジュエル=王冠の宝石）を売却することによって買収意欲を削ぐ方法や，買収者に対して逆に買収を仕掛けるパックマンディフェンスなどがある。

ただし，これらの買収防衛策は，その時々の法律や規制によって実行可能なものとそうでないものとがある。予防策・防衛策を実際に講じる際には，これらのチェックもかかせない。

このようにM&Aにあたっては，会計やファイナンスなどの知識だけでなく法律の知識も総動員してさまざまな対策を考えていく必要がある。

Column㉓　投資ファンド

投資ファンドとは，複数の投資家から資金を集めてファンド（基金）とし，それをもとに株式や債券，不動産などさまざまなものに投資し，得られた収益を出資比率に応じて投資家に配分する仕組みをいう。巨額の資金を運用することで，規模のメリットを効かせたり，多大な影響力を発揮して経営に対して発言を行うことがしやすくなる。

実際の投資は，運用のプロであるファンドマネジャーが行うことが多い。そのため，ある程度安心して資産運用を任せられる反面，必ずしも自分の意に沿わない銘柄についても購入していることもあり，投資先について細かな指定ができないというデメリットもある。

●参考文献

梅田彰. 2005.「企業買収防衛策」みずほ総合研究所.

榊原茂樹・新井富雄・太田浩司・山﨑尚志・山田和郎・月岡靖智. 2023.『新・現代の財務管理』有斐閣.

第13章

会社は誰のものか

Story⑬　組織は大きくなったけれど

社債の発行や株式の上場によって，多額の資金調達を行うことができた。また，上場によって企業の知名度も上昇して，売上も増加傾向が続き順調に成長していると感じている。ただし，それにつれて従業員の数や取引先も多くなってきている。実際に話したことも，会ったこともない従業員もたくさんおり，なかなか全体に目が行き届かない感覚がある。組織はこのままで大丈夫だろうか？

1―コーポレートガバナンスの必要性

組織が拡大すると経営者の目が隅々まで行き届かず，最悪の場合，企業不正が起こってしまう。企業不正にならないまでも，悪い評判がたくさんあると企業の信用力は低下し，将来的には企業業績に影響する。また，経営者を含めた企業全体で不正を行うようなケースも出てくる可能性がある。このような場合は，企業内部の人によるチェックだけでなく，企業外部の目をとり入れることが必要となるかもしれない。長期的に企業価値を増大させていくためには，競争力・収益力の向上だけに注力すればよいわけではなく，企業の不適切な行動の防止についても同時に考えていくことが重要となる。

このような目的のため，企業経営を規律づけによって管理監督する仕組みのことをコーポレートガバナンスという。時代によって企業に求められるコーポレートガバナンスの内容は異なっており，論者によっても視点はさまざまである。次節では，米国を中心に，時代ごとにコーポレートガバナンスにどのようなことが求められ，今日に至っているのかを概観したい。

❷—コーポレートガバナンスに対する関心の高まり

(1) 世界的な関心の高まり

コーポレートガバナンスは，米国では1970年代以降，日本では1990年代以降になってその重要性が広く認識されてきた。しかし，株式会社が成立した時点から，その特徴のなかにコーポレートガバナンスが必要とされる原因は存在していた。

株式会社の特徴の１つ目は，会社の所有権を株式というかたちに分割することによって，少額の資金しか持たない人からも広く出資を募ることができるという点にある。２つ目は，株主は出資分の義務を負うだけでよく，会社の債務のすべてを弁済する義務を負わないという株主の有限責任制度にある。

株式会社の仕組みは，16～17世紀の大航海時代に確立したとされる。ヨーロッパの商人達は，共同出資によって資金を調達し，交易活動によって発生した利益を出資者間で配分していた。1602年に設立されたオランダ東インド会社は，株主の有限責任を明確にするなど，株式会社の特徴をもっていたため，世界初の株式会社ともいわれる（第３章❷参照）。

この後，各国の株式会社は先の２つの特徴を法律などによって明文化することによって発展し，運河や鉄道などのインフラ整備が必要とされる時代背景とあいまって，その規模を拡大していくことになる。会社の規模が大きくなると，家族だけで企業を所有して経営を行うということは難しくなり，経営は専門家を外部から招いて行うことが増えていく。所有者である株主が増えた状況では，株主一人当たりの議決権は相対的に弱くなり，結果的に企業経営に対する経営者の支配力が強まり，ここに企業の所有と経営の分離がみられるようになる。このとき経営者が必ずしも株主の意図するように行動するわけではないとの考えが，企業経営を外部者による規律づけによって管理監督する仕組み（コーポレートガバナンス）を必要とする出発点といえる。

ただし，企業経営はどうあるべきかという考えは時代によって変化しており，その変化にあわせてコーポレートガバナンスが指す内容も変化している。

たとえば，企業の不祥事が相次いで発覚するときには，法令順守（compliance）の考えが重要視され，それを織り込んだガバナンスの仕組み作りが検討される。

また，資本市場の自由化・国際化により，1990年代には「物言う株主」としての機関投資家の存在が注目されたように，株主の影響力が増大し，企業の目的は株主価値を最大化すること，という考え方が支配的となり，その目的に合致するようにシステムが作られてきた。一方，近年では環境問題への取組みや地域社会との関係性の構築といった，株主以外の利害関係者にも配慮した経営が望まれるようになっており，このことを取り込んだコーポレートガバナンスの仕組み作りが必要となってきている。

（2）日本特有の事情

（1）で挙げたコーポレートガバナンスに対する関心が高まった世界的な背景に加えて，日本では以下のような特有の事情が重なっているとされる。

まずは1991年のバブル崩壊以降における企業業績の悪化と株価低迷，企業不祥事が頻発したが，それら事態を防止，抑制する手段の必要性を，投資家をはじめとして社会全体がもつようになったことが挙げられる。

また，機関投資家の台頭は，日本においては株式の持ち合いの解消によって促進された。株式の持ち合いとは，複数の企業が相互に相手の株を保有することを指し，戦後の財閥解体後から続く日本企業特有のものとされる。持ち合いの結果として企業グループが形成されることによって，安定株主の形成，企業間取引の強化，敵対的買収の回避などが期待されるため，日本では長らく株式を持ち合う慣行が続いていた。

しかし，**図表13－1**からバブル崩壊を契機として株式の持ち合いが減少していったことがわかる。これは業績不振によって資金繰りが悪化した企業が，それに対応するために持ち合い株の売却を行ったためである。

また海外の投資家を中心として，株式の持ち合いが生み出す弊害を指摘する声が強まったことも，持ち合いが解消されていった理由の１つである。たとえば，持ち合い株を保有する企業同士は，互いに身内同士となるために各々の経営活動については意見を言わない「物言わぬ株主」となってしまう。これに

図表13－1　株式持ち合い比率の推移

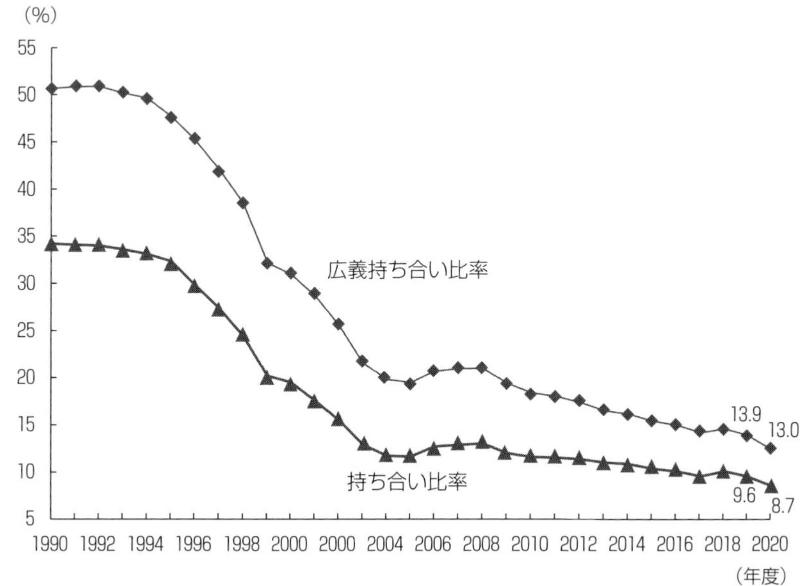

(注) 1．持ち合い比率は，上場会社（ただし，上場保険会社を除く）が保有する他の上場会社株式（時価ベース）の，市場全体の時価総額に対する比率（ただし，子会社及び関連会社株式を除く）。
2．広義持ち合い比率は，持ち合い比率に保険会社の保有比率を加えたもの。
(出所) 西山（2022），図表1

よって株主が経営に対して意見を言うべき株主総会の場が形骸化し，機能不全に陥ることによって，有能でない経営者が引き続き企業運営を担うことになる。あるいは株式の持ち合いをする企業同士は，資本関係があることを前提に，それまでの取引方法や取引先を見直すことを怠る可能性がある。結果として，企業にとって非効率な取引が継続することとなり，業績が悪化することが考えられる。

このような状況のなか，日本においても，商法の改正や会社法の制定・改正によって，株主の権利の拡大や監査役の権限強化が図られ，コーポレートガバナンスのシステム整備が進んできている。また，これら法律による規制に加えて，法的拘束力のない指針というかたちでも企業のガバナンスに対する提案が行われている。

金融庁と東京証券取引所が中心となって，2015年6月に公表されたコーポレートガバナンス・コードがそれである。これは，日本政府による成長戦略３つのアクションプランの１つ「日本産業再興プラン」の具体的施策「コーポレートガバナンス」の強化を実行するための規範と位置づけられ，2018年６月に続き，2021年６月にも改訂版が公表されている。

同コード（原則・指針）において，コーポレートガバナンスは，「会社が，株主をはじめ顧客・従業員・地域社会等の立場を踏まえた上で，透明・公正かつ迅速・果断な意思決定を行うための仕組み」と定義されている。これまでのコーポレートガバナンスが，不祥事を予防するという観点から法令順守に重きをおいているのとは対照的に，中長期的な企業価値の向上を目指していることにその特徴がある。次節以降，具体的なコーポレートガバナンスの仕組みにはどのようなものがあるのかをみていこう。

３―会社内部の規律づけ

コーポレートガバナンスの仕組みは，基本的に経営者をなんらかの方法によって規律づけることである。**図表13－２**は考えられる規律づけのメカニズムについて，それを会社内部におくか，外部におくかによって分類したものである（江川，2018)。会社外部のメカニズムのうち，「会計制度，会計監査」以下の５つの項目は，経営者にとって重要な規律づけとなるが，これらは会社外部で設定されるメカニズムである。本章ではこれらを除く会社が設定することができるメカニズムについて，どのように経営者が規律づけられるのかをみてみよう。

図表13－２　会社の規律づけの方法

会社内部のメカニズム	会社外部のメカニズム
・株主 ・取締役会 ・経営陣の報酬契約	・株式市場の投資家 ・債権者 ・会計制度，会計監査 ・格付け，評価機関 ・商品・サービス市場における企業間の競争 ・法律および政府などによる規制 ・マスコミ・メディア

（出所）江川（2018)，36頁より作成

（1）株主による規律づけ

株主は自らの利害のために，企業行動を監視し，議決権を行使することができる。ただし，少数の株式を保有する個人投資家にとって，監視にはコストがかかり，また議決権が多くないため企業の意思決定に与える影響はそれほど大きくない。

一方，多数の株式を保有する機関投資家は，個人投資家に比べて，利害関係が強く，多くの議決権を有する。そのため，情報を収集して企業を監視し，議決権の行使によって企業の意思決定に影響を与えようとする意思をもつ。

日本の株式所有構造は第11章図表11－3に示したとおりである。近年の個人投資家の所有割合は2割ほどであり，これ以外の大部分を占める機関投資家（保険会社，年金基金，投資信託，外国法人等など）の所有割合が非常に多いことから，機関投資家の影響力がとても大きいことがわかる。

株主は次のような方法によって経営者の規律づけを行うことができる。まず企業業績や株価に不満がある場合に，株主がとることができるのは次の2つである。第1が株式の売却を行うことである。大量の株式売却によって株価が下落し，そのことによって投資家としての意見を間接的に経営者に伝えることができ，一方で経営者はこれ以上株価が下がらないように株主の声に耳を傾けて行動することとなる。

もう1つが株式を保有したまま，議決権行使や株主提案を行うことである。これによって，直接的に経営者に働きかけて経営改善を促すことができ，経営者に対する規律づけとなる。コーポレートガバナンス・コードと前後して，機関投資家の行動規範を示したスチュワードシップ・コードが公表されており，両コードは企業価値の向上を図る助けとなると考えられる。

（2）取締役会による規律づけ

取締役会は，会社の重要な意思決定，業務執行の監督を担う機関として，公開会社への設置が義務づけられている。また，コーポレートガバナンス・コードの原則のなかでも，取締役等の責務について多くの記載がある。

取締役会の役割は次のような監督と助言であり，これらにより経営者を規律づけすることができる（江川，2018）。

① 社長の選解任，およびサクセッションプラン（後継者育成計画）の策定を行う。
② 経営者の策定した経営計画を評価，決定する。
③ 重要な意思決定（大規模な設備投資，公募増資など）を行う。
④ 専門的な知識や経験に基づいて経営者に助言する。
⑤ 会社の活動や財務状況を適切に開示する。

上記のなかでも①が，企業経営や長期的な企業価値に大きな影響をおよぼすと考えられる。ただし重要な意思決定と監督を行うには，経営陣と密接に意思疎通を行い会社の内部事情を理解しておく必要がある。ところがそれが行き過ぎると独立性が失われ，適切な監督ができないという問題が生じてしまうため，両者のバランスをとる必要もある。

取締役会には少なくとも以下のような４つの問題が指摘されており，近年ではこれに対応すべくさまざまな動きがある（江川，2018）。まず１つ目として，執行と監督を兼ねる場合が多く，両者が未分離であることがあげられる。これに対処するためには，執行役員制度導入による執行と監督の分離がある。２つ目として，社内取締役が主で，社外取締役が少ないことがある。これについては，社外取締役の割合を増やすことが考えられる。さらに，社外取締役よりも独立性が高い独立社外取締役の選任も進んでいる。2014年では東証一部上場企業の21.5%，2022年ではプライム市場上場企業の99.2%が２名以上の独立社外取締役を選任している。３つ目は役員数が多く，結果として実質的な議論が行われていないという問題である。これには役員数を削減することが考えられる。

４つ目は，取締役会の構成員に部門管理者が多く含まれる点である。このとき部門の利益を代弁することが多く，全社の観点からの議論が行われにくい。これについては，２つ目と３つ目の対応策と重なる部分もあるが，できるだけ多様な立場の人を取締役に迎えることが必要となる。

（３）経営陣の報酬契約による規律づけ

経営者の規律づけの手段として，役員報酬を会社の業績や株価に連動させて，株主の利益と一致させることが行われている。そのため，経営者報酬は，固定給，ボーナス（短期の企業業績に連動），ストックオプション（長期の企業業績に連動）を組み合わせて設計されることが多い。

経営者報酬のあり方は，経営者の希望をもとに取締役会（あるいは報酬委員会）で決定されるが，株主も注視しており，ここにも経営者に対する規律づけが存在する。

Column㉔　格付け機関

格付け機関（会社）とは，政府が発行する国債や企業が発行する社債について，元本の償還や利払いの確実性を評価した格付けを公開する民間会社のことを指す。格付け会社には，海外のスタンダード・アンド・プアーズ（Ｓ＆Ｐ），ムーディーズ，フィッチ・レーティングス，国内の日本格付研究所（ＪＣＲ：Japan Credit Rating Agency）や格付投資情報センター（Ｒ＆Ｉ：Rating & Investment Information）などがある。

格付けは，格付け機関に所属するアナリストが経営戦略分析や財務諸表分析をもとにして行い，格付けの結果はアルファベットの大文字，小文字と数字などの組み合わせによって示されることが多い。たとえば，Ｓ＆Ｐの長期発行体の格付けにおいては，債務の履行能力が高い順にＡ，Ｂ，Ｃ，Ｄの４段階，さらにＡ，Ｂ，Ｃについては３段階（ＡならばAAA→AA→Ａ）で示される。BB以下に格付けされた社債は投機的要素が高いとみなされる。

公表された格付けは投資家の判断材料として用いられる。企業についての多くの情報を収集，分析することには多くの労力がかかり，専門家の判断である格付けは投資家にとって投資意思決定の際の助けとなる。格付けは企業の信用力を表すものとしてさまざまな局面で利用されることがあり，経営者は自社の格付けを意識して行動していく必要がある。

④—会社外部の規律づけ

（1）株式市場の投資家による規律づけ

投資家は株式市場に上場している企業の状況をみながら，次にどの株式を売買するかを考えている。これは企業の立場からは，いつ自社の株式が売買されるかわからないということである。

上場企業については多くの企業情報が公開されており，投資家はそれをもとに株式売買を決定していることを考えると，将来の株主になってくれそうな投資家を増やすためには，投資家の要求を満たすような企業行動をとることが必要となる。

また会社の業績が振るわず株価が低迷すると，他社から敵対的買収（被買収会社の取締役会の同意を得ずに買収を仕掛けること）を仕掛けられる可能性が高くなる（第12章参照）。買収とは，ある企業が他の企業を支配する目的で，発行済株式の過半数を買い取ることを指す。これは通常，議決権を有する株式の過半数を取得することによって普通決議による決定事項（役員の選任など）を自由に決めることができるようになるためである。敵対的買収を避けるために，経営者や取締役は企業価値の向上とそれに続く株価の上昇を図るよう規律づけられているといえる。もっとも企業は敵対的買収を避けるため，クラウンジュエル（重要資産の売却により企業価値を減少させ，買収の意義を失わせる），ホワイトナイト（第三者割当増資などにより，友好的な買収者に自社を買収してもらう）といった策を用意していることもある。

（2）債権者による規律づけ

銀行をはじめとした大口の債権者も経営者の規律づけに重要な役割を果たしていると考えられる。

まず，金融機関が債務者に対して貸付を行う際に付与する条件の１つである財務制限条項がある。契約において，債務者の財政状況が定めた基準を満たさなくなった場合，債務者は金融機関に対して即座に貸付金の返済を行うことと定められている。財務制限条項には，「経常損益が○期連続して損失にならないこと」といった損益計算書に関するものと，「純資産の部の金額について前年同期比○％以上を維持すること」といった貸借対照表に関するものなどがある。

また日本特有の債権者との関係としてメインバンクシステムがある。企業は，複数の銀行・信用金庫と取引関係をもつことが多いが，うち一行を主力取引銀行（メインバンク）として，他の金融機関よりも深い結びつきをもちながら取引関係を継続する。戦後より日本において発達した仕組みであり，現在でも一定の影響力をもつと考えられる。

企業はメインバンクとの関係を強化することによって，取引先を紹介してもらえたり，借入・預金・手形取引を引き受けてもらい安定的な資金供給を受けることができたりする。また企業は，メインバンクに財務情報を含む経営内容に関する情報を提供し，経営指導を受ける。経営が悪化した場合にはメインバンクから役員の派遣を受けて再建を図ることもある。これらの関係のなかで，企業はメインバンク（債権者）によって規律づけられる。

本章では，経営者に対するさまざまな規律づけの方法をみてきたが，これらの方法がいかなる状況においても有効なものになるとは限らない。その判断には，実際のデータなどを使った分析の結果を待たなくてはならない。企業をとりまく状況は常に変化しており，コーポレートガバナンスに関する制度も大きな変革期にある。Web上にはこれら動向をふまえた最新の研究成果が発表されているので，それらを参照してさらに知見を深めてほしい。

Column㉕　議決権行使助言会社

企業が株主総会で提出する議案を分析し，機関投資家に議決権を行使するか否かについてまとめたレポートを販売したり，助言するなどのサービスを提供するのが議決権行使助言会社である。実質的に米国のインスティテューショナル・シェアホルダー・サービシーズ（ISS：Institutional Shareholder Services）とグラスルイスの２社の寡占状態となっている。

助言会社は，取締役会の構成や株式持ち合いなどについて議決権行使の判断方針を明らかにしており，方針が改定されるたびに公表している。機関投資家は多くの企業に投資を行っていることが多く，その場合，各企業の議案内容を詳細に検討する時間や人員を確保することが難しくなる。そこで助言会社が作成するレポートや助言を参考にし，議決権を行使することがある。

機関投資家にとっては便利なサービスだが，助言会社２社の推奨内容によって総会議案の可決・否決が左右されやすくなるなど影響が大きく，議決権行使助言会社のサービス内容に対して一定のルールを設ける動きが出てきている。

●参考文献

江川雅子．2018．『現代コーポレートガバナンス』日本経済新聞出版社．

佐々木利廣・大室悦賀編著．2015．『入門　企業と社会』中央経済社．

谷本寛治．2014．『日本企業のCSR経営』千倉書房．

西山賢吾．2022．「我が国上場企業の株式持ち合い状況（2020年度）」『野村サステナビリティクォータリー』３(2)．

第14章

企業の情報開示

Story⑭ 効果的なコミュニケーション

企業のガバナンスを考えるうえで，投資家をはじめとした利害関係者との関係性が重要であることはわかった。利害関係者とうまく付き合うことができれば，経営の改善なども行うことができ，長い目でみれば企業価値を高めていくことができそうである。では，利害関係者とうまく付き合うにはどのような点に注意すればよいだろうか？

1―企業によるディスクロージャー

企業のホームページをみると，自社製品やサービスの紹介や販売情報だけでなく「CSR（corporate social responsibility）」や「投資家の皆様へ」と書かれた項目が目にとまる。前者のCSRは企業の社会的責任ともよばれ，環境問題の解決や労働環境の改善に対する企業の取組みなどについて紹介されている。後者には，企業の業績や今後の見通しなどについて担当者が報告する会社説明会の動画，株主総会についての情報，コーポレートガバナンスや財務についての書類など投資家にとって役立つ情報が掲載されている。

投資家は企業に資金を提供し，ときには（直接あるいは間接に）企業経営について意見を述べてくれるという意味で重要な存在である。また投資家が要求する情報の水準が他の利害関係者と比べて最も高いことが多いため，これまで企業の情報開示（ディスクロージャー）は主に投資家に向けてのものが中心であった。近年では，企業の社会的責任という考え方が広がり，この視点は企業価値評価を行う場合においても見逃せないものとなってきているため，CSR情報を含めた情報開示が積極的になされている。

日本において，企業によるディスクロージャーにはさまざまなものがあるが，開示を強制する度合いの強さから大きく以下の３つのレベルに分類することができる。

① まず最も強く開示を強制しているのは，会社法や金融商品取引法などの法律によって行われる法定開示である。たとえば金融商品取引法では，有価証券報告書を当該事業年度の経過後３ヵ月以内に提出する必要があり，提出された報告書は金融庁が運営するホームページ（EDINET：electronic disclosure for investors' network）で閲覧することができる。各法律によって開示される項目や開示の方法などが詳細に規定されており，違反行為や虚偽記載があれば法的な責任を負わなくてはならない（Column㉖参照）。

おもに投資家に向けた情報が記載されている有価証券報告書の記載内容は**図表14－１**のとおりである。企業の状況は，「第１　企業の概況」から「第４　提出会社の状況」において説明がなされており，財務諸表は「第５　経理の状況」に掲載されている。

② つぎに実質的に法的開示に近いものとして，金融商品取引所による適時開示が挙げられる。これは迅速な情報開示が，証券市場における有価証券売買の意思決定に際し重要であることから行われている。上場企業に対して，決算発表後，速やかに決算短信の公表を義務づけているのはこの一例である。決算短信には財務数値の概要や経営者による利益予想が含まれており，有価証券報告書と同程度の内容をもつ情報が公開されることも多い。

③ 最後に企業の自主的な情報開示であるインベスター・リレーションズ（IR：investor relations）がある。企業のホームページ上では，製品や環境問題への取組みに関する情報が文章や画像，ときには動画のかたちで掲載されている。また決算説明会やミーティング，工場の見学会の開催などを行っている企業もある。このようにIRでは，開示する情報の種類，開示の方法やタイミングなどが企業に任せられているという特徴がある。

IRは，「企業の証券が公正な価値評価を受けることを最終目標とするものであり，企業と金融コミュニティやその他のステークホルダーとの間に最も効果的な双方的コミュニケーションを実現するため，財務活動やコミュニケーション，マーケティング，そして証券関係法の下でのコンプライアンス活動を統合した戦略的な経営責務である」と定義される（全米IR協会HP：https://www.niri.org/about-niri）。IRについてはまず米国でその重要性が認識され，日本では1990年代の後半からIRに積極的に取り組む企業が増加している。

図表14－1　有価証券報告書の記載内容

第一部　企業情報	第１　企業の概況	①主要な経営指標等の推移，②沿革，③事業の内容，④関係会社の状況，⑤従業員の状況
	第２　事業の状況	①経営方針，経営環境及び対処すべき課題等，②サステナビリティに関する考え方及び取組，③事業等のリスク，④経営者による財政状態，経営成績及びキャッシュ・フローの状況の分析，⑤経営上の重要な契約等，⑥研究開発活動
	第３　設備の状況	①設備投資等の概要，②主要な設備の状況，③設備の新設，除却等の計画
	第４　提出会社の状況	①株式等の状況，②自己株式の取得等の状況，③配当政策，④コーポレート・ガバナンスの状況等
	第５　経理の状況	①連結財務諸表等，②財務諸表等
	第６　提出会社の株式事務の概要	事業年度，定時株主総会，基準日，株券の種類などの項目
	第７　提出会社の参考情報	①提出会社の親会社等の情報，②その他の参考情報
第二部　提出会社の保証会社等の情報	第１　保証会社情報	①保証の対象となっている社債，②継続開示会社たる保証会社に関する事項，③継続開示会社に該当しない保証会社に関する事項
	第２　保証会社以外の会社の情報	①当該会社の情報の開示を必要とする理由，②継続開示会社たる当該会社に関する事項，③継続開示会社に該当しない当該会社に関する事項
	第３　指数等の情報	①当該指数等の情報の開示を必要とする理由，②当該指数等の推移

Column㉖　金融商品取引法に違反すると

金融商品取引法は，証券市場における有価証券の発行，売買などの取引が公正に行われることを目的として制定されており，これに違反すると刑事罰，行政処分，課徴金制度といった非常に重いペナルティが課せられる。金融庁では不公正取引の未然防止の観点から，課徴金納付命令の勧告を行った事案について事例を紹介している。たとえば，以下の事例では，１億915万円の課徴金額となった。

【事例】ソフトウェアを販売するA社は上場廃止基準（年間売上高１億円未満）に抵触するのを回避するため売上高を過大計上した。具体的には，①実体のない販売代理契約を締結した協力先に仲介手数料名目の代金を支払い，当該手数料を販売先に還流させ，②ソフトウェア販売時に当該仲介手数料に相当する金額を上乗せすることによって，本来8,300万円であった売上高を１億300万円として有価証券報告書に記載し開示した。

図表14－２　金融商品取引法における違反事例

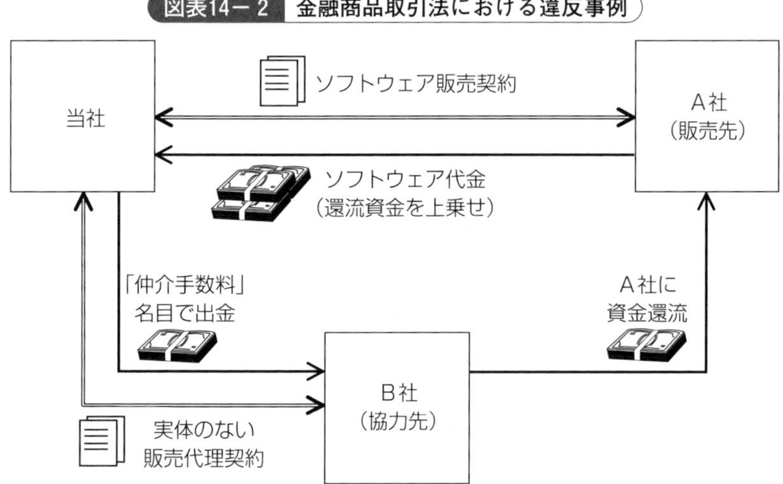

（出所）証券取引等監視委員会事務局（2015），『金融商品取引法における課徴金事例集～開示規制違反編～』

❷―なぜディスクロージャーは必要なのか

そもそも，なぜ企業による情報開示は必要とされるのだろうか。証券市場にはさまざまな取引主体が存在し，立場に応じて自分しか知らないような情報（私的情報）をもっている。このとき取引主体が保有する情報は偏っており，このような状態のとき情報の非対称性が存在しているという。情報の非対称性は，私的情報の性質に応じて，相手の行動が観察できない場合のモラルハザードの問題と相手の保有している情報がわからない場合の逆選択（adverse selection）の問題を引き起こすことが知られている。

モラルハザードは，たとえば火災保険をかけたためにかえって注意義務を怠り，結果として火事が発生する可能性を高めてしまうといった場合のように，相手（この例では保険加入者）の行動を観察することができないという情報の非対称性から起こる弊害である。一方，逆選択は，財やサービスの質について相手の保有している情報がどのようなものかわからないという情報の非対称性があるために，結果として質の良いものが淘汰され，質の悪いものが残ってしまうという問題を指す。たとえば中古車市場において，売り手が自身の中古車の質についての情報を十分に公開しないケースにおいてこの問題が発生する。このとき買い手は世の中の一般的な中古車の質をもとに買い値を決定せざるを得なくなる。結果として，平均よりも質の高い中古車を保有する売り手は出品を手控えるようになり，市場には質の悪い中古車が集まってしまう。このようにAkerlof（1970）によって指摘された中古車市場の悪循環が続くと，最悪の場合，市場の崩壊につながる。質の悪いものだけが生き残って市場が崩壊するというのは情報の非対称性が引き起こす問題の一例であるが，この現象だけではなく，一部の人が私的情報をもっているために起こるさまざまな問題を一般的に逆選択とよぶ（神取，2014）。

経営者と投資家の間にも情報の非対称性は存在する。たとえば，企業がある投資案を考えているとき，多くの内部情報をもつ経営者は投資案のリスクについて比較的正確に見積もることができる。一方，企業外部の投資家は入手できる情報が限られており，投資案のリスクについて経営者に比べて見積りが正確でない可能性が高い（**図表14－3**）。

上記のような状況では，投資家は企業が行う投資案について必要以上にリスクが高いと考え，企業への投資をあきらめるかもしれない。このとき，企業にとっては資金調達の機会を失うことになる。

これら情報の非対称性から起こる問題をできるだけ避けるために，企業はディスクロージャーを行うことになる。ただし，ディスクロージャーには，コスト（開示に必要となる直接的なコストだけでなく，開示により機密情報が洩れてしまうといったコストも含む）がかかるため際限なく行うことはできない。そのため企業は効率的なディスクロージャーのあり方を考えていく必要がある。

図表14－3　経営者と投資家のリスクの見積り

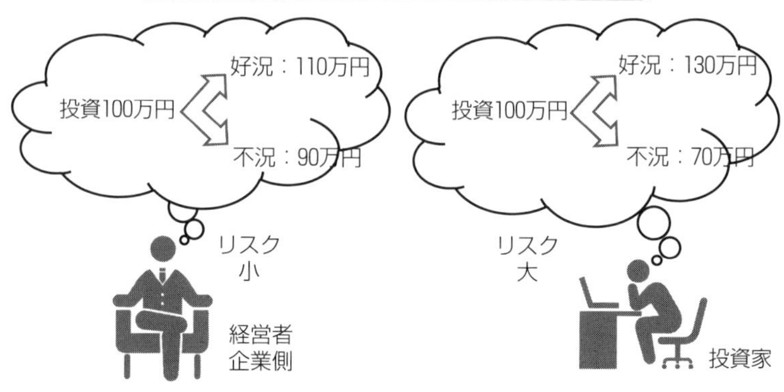

❸—企業経営とディスクロージャー

（1）企業外部者によるディスクロージャーの評価

法律によって開示が要求されるものについて，企業が開示を行うのは当然であるが，IRなどによって求められた情報以上を開示したり，図や動画などを交えてわかりやすく説明をしたりするのはなぜだろうか。これはひとえに投資家をはじめとした利害関係者（ステークホルダー）とコミュニケーションを図り，良好な関係を築いて経営活動を円滑に行うためである。

利害関係者のなかでも企業に資金を拠出している投資家は重要な存在であり，投資家とのコミュニケーションは大切である。このコミュニケーションのツールとして会計やファイナンスは重要な役割を果たす。

利害関係者にとって，公表される財務諸表がその最たるものであり，企業の財政状態，経営成績，資金の状況やそこから計算される財務指標をもとに，それぞれの意思決定を行うことができる。投資家であれば証券売買の意思決定が主たる目的であり，経営者はその目的にあった情報を提供しコミュニケーションを図らなくてはならない。

効果的なディスクロージャーがどのようなものであるのかは，企業外部者によるディスクロージャーの評価（Column㉗参照）を参考にするとよい。たとえば2022年度に日本IR協議会によって表彰された三井化学の評価は次のとおりである。

> 経営トップが説明会で積極的に発言し，投資家との対話機会も設けている。決算説明会では外部環境の分析から業績変動要因などを具体的に示し，説得力が高い。資料には投資家の知りたい情報やデータが掲載され，IR部門も社内情報を把握して対話している。ESG経営に積極的に取り組み，目的や進捗をわかりやすく示している。ESG説明会や経営状況説明会なども充実しており，財務・非財務を統合した経営システムなどが投資家の注目を集めている。（日本IR協議会HP，優良企業賞2022 受賞企業より）

経営者のIRへの姿勢，企業の業績変動要因の適切な開示，そして近年関心が高まる環境，社会，ガバナンス（ESG：environment, social, governance）への意識が高く評価されている。コラムに紹介したようにディスクロージャーに求められる評価項目は不変の部分が中心となっていると考えられるが，時代とともに求められる内容の一部は変わっており，企業はこの点に注意してディスクロージャー活動を行っていく必要がある。

（2）ディスクロージャーと資本コスト

経営者が投資家とのコミュニケーションの効果を考えるときに重要となるのが資本コストの視点である。資本コストは調達した資金の見返りに，資金の拠出者に企業が支払わなければならないコストであるため，経営者は企業活動の結果として資本コストが下がるか上がるかに気をつける必要がある。

とくに株主資本コストは，株主の企業に対する期待（要求）によって決定されており，企業は資本コストを超える利益を稼ぎ出す必要があるのは第11章でも述べたとおりである。このことは何らかの方法によって株主資本コストを下げることができれば，企業にとっては達成すべき利益のハードルを下げることができ，より容易に株主の要求を満たすことができるようになるということを意味している。

企業の積極的なディスクロージャーによって，情報の非対称性は緩和され，投資家は適切に企業リスクを推定できるようになりそうだが，結果として株主資本コストは下がるのだろうか？　音川（2000）では，証券アナリスト協会のディスクロージャー・ランキングを用いて，積極的なディスクロージャー活動を行っている企業ほど資本コストが低くなる傾向があることを示している。また須田・首藤・太田（2004）ではディスクロージャー・ランキングにおいて各業種３位以内に表彰されている企業の資本コストは，４位以下の企業よりも小さいことを発見している。これ以外にも，ディスクロージャーと株主資本コストの関係については数多くの検証がなされているが，総じて積極的なディスクロージャーが株主資本コストを押し下げる効果があることが観察されている。

Column㉗　ディスクロージャーの評価

企業のディスクロージャー活動に対する積極性は，いくつかの団体によって評価，公表が行われている。日本IR協議会では，優れたIR活動を実施している企業を会員企業の中から選定し発表している。審査委員会はアナリスト，投資家，報道機関などで構成されており，応募企業が提出する調査票の結果をふまえて「IR優良企業」を決定している。

また日本証券アナリスト協会による「証券アナリストによるディスクロージャー優良企業選定」では，業種別にアナリストがチームを作り，業種内の企業についてあらかじめ決められた項目に基づいて合議のうえ評価を行い，順位とあわせて合計得点および項目別の得点が公表されている。評価の項目はおおよそ以下のとおりであり，随時見直しがされている。

①　経営陣のIR姿勢，IR部門の機能，IRの基本スタンス
②　説明会，インタビュー，説明資料等における開示
③　フェア・ディスクロージャー
④　ESGに関連する情報の開示
⑤　各企業の状況に即した自主的な情報開示

❹—資本コストから企業価値評価へ

企業は債権者と株主から資金調達をするが，資金拠出者への見返りとして企業が負担するのが負債コストと株主資本コストである（第11章❺参照）。

株主の立場に立てば，企業は株主の要求する株主資本コストを超える収益率を達成することが期待とされる。ただし企業としては，２つの資本コストをあわせて企業全体の資本コストとして認識し，経営活動を行っていかなくてはならない。では，そのような資本コストはどのように計算すればよいだろうか。

たとえば，負債300，純資産（資本）200として評価されている企業で，負債コスト10%，株主資本コスト５%であったとする。このとき，企業全体の資本コストは（10%＋５%）÷２＝7.5%とはならない。それぞれの金額が企業全体の資本（500）に占める割合をもとに，各資本コストが計算に影響する度合いを考慮する必要があり，（300÷500）×10%＋（200÷500）×５%＝８%が正しい資本コストとなる。このように２つの資本コストを，企業全体のコストへの影響度を考慮して計算したものが加重平均資本コスト（WACC：weightted average cost of capital）であり，これが企業全体としての資本コストを表している。

このWACCは企業の価値評価を行うときに重要となる。価値評価の基本は獲得する将来キャッシュフローを割り引くこと（第２章参照）であり，将来キャッシュフローの額（分子）と評価対象のリスクを反映した割引率（分母）をどのように見積もるかが重要な問題であった。WACCはこのうち割引率の１つとして企業価値評価に用いられることが多い。一方，分子のほうはといえば，企業が自由に使えるフリーキャッシュフローをもとにしたものや，会計利益をもとにしたものなどが提案されている。ただし，それぞれの方法には一長一短があり，複数の計算方法で計算したり，さまざまなシナリオを想定してキャッシュフローや割引率を見積もるなどの工夫が必要となる。

●参考文献

Akerlof, A. 1970. The Market for “Lemons”: Quality Uncertainty and the Market Mechanism. *The Quarterly Journal of Economics* 84(3): 488-500.

砂川伸幸・笠原真人. 2015.『はじめての企業価値評価』日本経済新聞出版社.
音川和久. 2000.「IR活動の資本コスト低減効果」『會計』158(4):73-85.
神取道宏. 2014.『ミクロ経済学の力』日本評論社.
桜井久勝. 2020.『財務諸表分析（第8版）』中央経済社.
証券取引等監視委員会事務局. 2015.『金融商品取引法における課徴金事例集～開示規制違反編～』証券取引等監視委員会事務局.
須田一幸・首藤昭信・太田浩司. 2004.「ディスクロージャーが株主資本コストに及ぼす影響」須田一幸編著『ディスクロージャーの戦略と効果』森山書店.

索　引

英数

あ

か

さ

た

な

は

ま

や

ら

わ

＜著者紹介＞

中井　透（なかい　とおる）

1988年　慶應義塾大学大学院経営管理研究科修士課程修了
　　　　広島大学大学院社会科学研究科博士課程修了，博士（マネジメント）
現　在　京都産業大学経営学部教授
（主要著書等）
『物語でわかるベンチャーファイナンス入門』中央経済社，2013年
『中小企業経営入門（第２版）』（分担執筆）中央経済社，2022年

諏澤　吉彦（すざわ　よしひこ）

2005年　一橋大学大学院商学研究科博士課程修了，博士（商学）
現　在　京都産業大学経営学部教授
（主要著書等）
『リスクファイナンス入門』中央経済社，2018年
『保険事業の役割―規制の変遷からの考察』中央経済社，2021年
『基礎からわかる損害保険の理論と実務』保険毎日新聞社，2023年

石光　裕（いしみつ　ゆう）

2006年　神戸大学大学院経営学研究科博士課程単位取得満期退学
現　在　京都産業大学経営学部教授，博士（経営学）神戸大学
（主要著書等）
『研究開発費情報と投資家行動』中央経済社，2018年
『１からの会計（第２版）』共著，碩学舎，2021年

はじめて学ぶ会計・ファイナンス（第2版）

2021年4月1日　第1版第1刷発行
2023年4月5日　第1版第3刷発行
2024年3月1日　第2版第1刷発行

著　者　中井　透
　　　　諏澤吉彦
　　　　石光　裕

発行者　山本　継
発行所　㈱中央経済社
発売元　㈱中央経済グループパブリッシング
〒101-0051　東京都千代田区神田神保町1-35
電　話　03（3293）3371（編集代表）
　　　　03（3293）3381（営業代表）
https://www.chuokeizai.co.jp
印刷／㈱堀内印刷所
製本／㈲井上製本所

ISBN978-4-502-48941-9　C3034